《图说世遗唐崖》编委会

主　　任	申　艳
副 主 任	张铁军　王明松　曾晓钰
统　　筹	何继明
编　　著	杨竣方　徐　瑶
编委会成员	张　锋　王　瑛　罗　斯　张　赟　姚　慧　罗姗姗
摄　　影	陈　旭　于文利
拓　　片	杨竣方　张　波
校　　对	张　赟

湖北省公益学术著作出版专项资金资助项目

图说世遗唐崖

杨竣方　徐瑶 / 编著

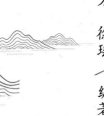

华中科技大学出版社
http://www.hustp.com
中国·武汉

图书在版编目(CIP)数据

图说世遗唐崖 / 杨竣方, 徐瑶编著 . — 武汉 : 华中科技大学出版社, 2022.9
ISBN 978-7-5680-7838-2

Ⅰ. ①图… Ⅱ. ①杨… ②徐… Ⅲ. ①土司－城堡－文化遗址－咸丰县－图录 Ⅳ. ① K878.32

中国版本图书馆CIP数据核字(2021)第260482号

图说世遗唐崖   杨竣方   徐瑶   编著
Tushuo Shiyi Tangya

策划编辑:	李　欢
责任编辑:	陈　剑　汪　杭
封面设计:	刘　卉
责任校对:	刘　竣
责任监印:	周治超
出版发行:	华中科技大学出版社(中国·武汉)　　电话: (027)81321913
	武汉市东湖新技术开发区华工科技园　　邮编: 430223
录　　排:	华中科技大学惠友文印中心
印　　刷:	湖北恒泰印务有限公司
开　　本:	889mm×1194mm　1/16
印　　张:	12.75
字　　数:	267 千字
版　　次:	2022 年 9 月第 1 版第 1 次印刷
定　　价:	238.00 元

本书若有印装质量问题, 请向出版社营销中心调换
全国免费服务热线: 400-6679-118   竭诚为您服务
版权所有　侵权必究

序言

恩施州咸丰县地处武陵山东部、鄂西南边陲，为荆南之要地，古有"荆南雄镇"之誉，今有"湖北西大门"之称。2015年7月4日，位于湖北省咸丰县唐崖镇的唐崖土司城址与湖南永顺老司城遗址、贵州播州海龙屯遗址组成的"土司遗址"系列项目被列入《世界遗产名录》，成为我国第34项世界文化遗产。

2014年8月8日建成开放的咸丰县民族博物馆，是依托申报世界文化遗产的唐崖土司城址所建，现隶属于湖北恩施唐崖土司城遗址管理处，占地面积1872平方米，设有序厅、历史展厅和民俗展厅三个基本陈列厅和一个临时展厅。现有展品2048件（套），国家珍贵文物102件（套），其中国家一级文物7件（套）、国家二级文物15件（套），国家三级文物80件（套）。

因以往研究工作的不足，部分藏品基础信息有误，我们对文物及其背后故事的解读也较为浅显。自博物馆成立后，在咸丰县委、县政府的高度重视下，在上级文物部门的指导和支持下，咸丰县逐渐培养起一支自己的文博队伍，并从2017年开始启动对博物馆藏品的专业化研究，充分挖掘文物背后的故事。如今，藏品的科学研究成果初现，保护利用水平有了质的提升。

本书收录的藏品，均查阅了大量史料与文献，经过科学的调查研究，历史渊源清晰。本书以历史年代为主轴，全方位展示从战国至民国时期的不同质地、不同用途的器物，包括金、银、铜、铁、陶、玉、石、木、瓷、丝、布等。全书在叙述上尽量避免专业文章的枯燥，用通俗易懂的语言，配以高清图片，图文并茂、雅俗共赏，力求将学术性、通俗性融为一体，既可用于学术研究，亦适合大众阅读。

本书的编写是在湖北恩施唐崖土司城遗址管理处领导班子的统筹协调下完成的，经编委会多次商榷议定，最终将书名确定为"图说世遗唐崖"。本书是集体智慧的结晶。在编撰过程中，相关人员付出了大量的心血与汗水，管理处常务副主任张铁军对本书的编写总体提出独到见解，总工程师何继明对专业知识提出指导性意见。另外，要特别感谢恩施州博物馆朱世学教授不吝赐教，他对本书中的内容尤其是青铜器部分提出了修改建议；感谢管理处张波老师对拓片制作工作的指导。

本书能够最终出版，得到了华中科技大学出版社领导、编辑的大力支持，在此深表感谢。在写作过程中，我们参阅、引用了大量的相关文献，在此谨向诸多作者及相关组织、单位、个人表示由衷的感谢。由于编撰团队学术水平有限，书中难免存在疏漏之处，敬请业界专家和广大读者批评指正。

习近平总书记强调，"让收藏在博物馆里的文物、陈列在广阔大地上的遗产、书写在古籍里的文字都活起来"。《图说世遗唐崖》的出版，旨在展示文物、书写文化、延续文明。

游走在历史的长河中，我们回望过去的唐崖，建设现在的唐崖，憧憬未来的唐崖。唐崖人，永远在路上！

目录

上篇 "纵"说世界遗产唐崖

第一章 世遗唐崖档案 ... 003
  1. 唐崖土司 ... 003
  2. 唐崖土司城简介 ... 004
  3. 唐崖土司城历史沿革和保护工作沿革 ... 006
  4. 唐崖土司世系情况 ... 008

第二章 世遗唐崖风貌 ... 010

第三章 世遗唐崖布局 ... 021

下篇 "图"说世界遗产唐崖

第四章 战国 文物里的世遗唐崖 ... 023
  1. 虎钮錞于 ... 027
  2. 铜矛 ... 028

第五章 汉 文物里的世遗唐崖 ... 030
  1. 甬钟（一） ... 030
  2. 甬钟（二） ... 031
  3. 甬钟（三） ... 032
  4. "永元十二年堂狼造"铭铜洗 ... 033

5. "富贵昌宜侯王"铭双鱼纹铜洗 035

6. "八百"铭鱼鹭纹铜釜 038

7. 铜钫 040

8. 铜鍪 041

9. 军假司马铜印 043

10. 铜狗 044

11. 铜骑马俑 045

12. 五铢铜币 045

13. "长生无极"铭瓦当 047

第六章 唐 文物里的世遗唐崖 049
开元通宝 049

第七章 宋 文物里的世遗唐崖 050
1. 青釉斗笠碗 050

2. 多角谷仓罐 051

3. 元祐通宝 053

4. 至道元宝 053

5. 治平元宝 054

6. 皇宋通宝 055

7. 祥符元宝 056

8. 其他铜币 057

第八章 元 文物里的世遗唐崖 060
钧窑天青釉碗 060

第九章 明 文物里的世遗唐崖 062
1. 六虎金镯 062

2. 齿轮形金手镯 064

3. 半球式金耳环 064

4. 葫芦坠金耳环 065

5. 金手链 067

6. 镂空金茶匙 067

7. 锡虎项圈 068

8. 银包铜纽形发簪 ... 069

9. 兽面纹银头饰 ... 070

10. 葫芦形银耳坠 ... 070

11. 牡丹纹银头饰 ... 071

12. 龙头形银耳勺 ... 071

13. 铜箭镞 ... 072

14. 永宁卫前千户所百户印 ... 073

15. 唐崖长官司秦关克印 ... 075

16. 铁箭镞 ... 078

17. 青花"寿"字纹盘 ... 079

18. 青花百寿纹碗 ... 079

19. 金凤献瑞石雕 ... 080

20. 如意连锁纹雕花石缸 ... 083

21. 凤穿牡丹纹雕花石缸 ... 085

22. 喜上梅梢纹圆形雕花石缸 ... 088

23. 荷鸟纹雕花石缸 ... 091

24. 叶脉纹八棱形雕花石盆 ... 093

25. 缠枝宝相花纹雕花石缸 ... 094

26. 海马纹雕花石板 ... 096

27. 缠枝莲花纹复合式柱础 ... 097

28. 缠枝纹陶瓦当 ... 098

29. 陶奔马瓦饰 ... 100

30. 陶龙首脊兽 ... 100

31. 石兽头 ... 101

32. 陶雕花滴水 ... 102

33. 卧狮石构件 ... 102

34. 屋脊陶构件 ... 103

35. 田门覃氏墓志铭 ... 104

36. 蒋门覃氏墓志铭 ... 106

37. 蒋门郭氏墓志铭 ... 107

38. 余世俨孙氏五墓志铭 ... 108

39. 张氏墓志铭	110
40. 田显荣墓志铭	111
41. 李如春墓志铭	113
42. 石权	114

第十章 清 文物里的世遗唐崖 116

1. 周唐崖长官司铜印	116
2. 清唐崖长官司铜印	118
3. "大清光绪时宪书"铭银抓周盘	119
4. 佛法僧宝铜印	121
5. "山鬼雷风"铭八卦纹铜厌胜钱	122
6. 镂雕仕女图牙牌	124
7. 人俑墨玉油灯	126
8. 骑马传令图玉扳指	126
9. "陈文山"铭墨石砚台	128
10. 二仙献寿刺绣寿幛	128
11. 清麻姑献寿刺绣寿幛	134
12. "李府岳母陈太夫人七秩荣庆"刺绣寿幛	135
13. 九品文官补服	136
14. 七品顶戴	137
15. 粉彩五子戏弥勒坐像	139
16. 粉彩弥勒坐像	141
17. 粉彩"同治年造"折枝花卉纹胭脂盒	143
18. 瓷狮立人造像	144
19. 黄地粉彩白鹤纹海棠式碗	145
20. 粉彩龙纹茶壶	146
21. 青花双龙戏珠纹瓷盘	147
22. 青花灵芝纹盘	148
23. 双龙纹梨式紫砂壶	150
24. 龙吐珠纹紫砂壶	151
25. 龙纹竹节嘴紫砂壶	153

26. "大清乾隆六年八月吉日造"铭文铁钟	154
27. "大清乾隆四十七年造"石狮	156
28. "太平天国丙辰六年造"铭文铁火炮	158
29. 木雕双狮雀替	159
30. 木傩面	161

第十一章 民国 文物里的世遗唐崖 163

1. "长命富贵"铭银锁 163
2. "五子登科"铭铜镜 165
3. 粉彩三娘教子图壁瓶 166
4. 莲花童子彩绘木雕 167
5. "林君周华记造"款漆木罗盘 170
6. 蝴蝶团寿纹"西兰卡普"门帘 172
7. 1927年《湖北省农民协会告农民》告示手稿 173
8. 1932年中华苏维埃共和国国家银行伍分纸币 174
9. 1932年中华苏维埃共和国国家银行贰角纸币 175
10. 1933年中华苏维埃共和国国家银行伍角纸币 177
11. 1934年中华苏维埃共和国国家银行壹圆纸币 178
12. 1933年制"宣扬正义"木质纪念牌 179
13. 1933年5月18日中国工农红军第三军政治部出版刊物《战士的话》（第一期）......180
14. 1933年5月25日中国工农红军第三军政治部出版刊物《战士的话》（第二期）......181
15. 1933年中国工农红军第三军政治部出版刊物《战士的话》副刊 183
16. 1936年朱克靖所用玉屏箫 184
17. 1937年王承德赠严立三的六棱形刻字楠木帽筒 186

参考文献 190

后记 192

上篇

「纵」说世界遗产唐崖

唐崖土司城址历史文化遗产

第一章　世遗唐崖档案

唐崖土司城址鸟瞰

1. 唐崖土司

"土司"是一个完整的职官体系的概括性称谓。土司之职，"土"指当地土生土长的少数民族；"司"指职掌、管理，即土人职掌的管理机构。在习惯性称呼中，土司即指少数民族首领职掌并世袭管理本地事务的行政机构，也指担任这一行政机构负责人的土官。这一称谓具有典型的民族性和本土性。

土司制度是元、明、清时期封建中央王朝在西南少数民族地区委任当地首领担任"土司"，世袭统治当地人民的一种行政管理制度。该制度秉承了古代中国延续两千余年的"齐政修教、因俗而治"的民族治理传统理念,在唐宋"羁縻政策"的基础上,强化了职官体系、管理方式及责权规范,有效保障了中央政府与边疆少数民族间的利益平衡和共同发展,是古代中国作为多民族统一国家,在民族管理模式发展成熟阶段形成的极为系统和规范的少数民族管理制度。

唐崖为山名。《施南府志》载"唐崖(山)在县西五十里"。清同治版《咸丰县志》载"龙潭河源出利川县,至金峒,过太平坝到龙潭河,绕唐崖(山)出百节坝,至彭水县入夔江"。但唐崖山的详细地址,目前尚无定论。

唐崖土司是土司制度的产物。其领地和治所地处武陵山区,具有土司制度推行地区的典型地理环境和文化特征。其设立是中央政权与鄂西土家族在民族文化传承和国家认同方面的人类价值观交流,凸显出土司制度管理智慧作用下鄂西土家族聚居区社会管理秩序的加强和经济的发展。唐崖土司亦称唐岩土司、唐厓土司,为鄂西土家族著名土司,覃氏世袭,设于今湖北省恩施土家族苗族自治州咸丰县,隶属于施州卫,始封于元末,鼎盛于明,废止于清雍正十三年(1735)改土归流,历时近四百年。由于多次被朝廷征调,唐崖土司战功卓著,故有"明季唐崖最倔强"之誉。

2. 唐崖土司城简介

唐崖土司城始建于元朝至正十五年(1355),鼎盛于明天启年间,废止于清雍正十三年(1735)改土归流,世袭16代18位土司,历经元、明、清三代共计381年。

唐崖土司城址位于唐崖镇唐崖司村唐崖河西岸。元代,覃一世祖覃启处送奉中央王朝的旨意镇抚当地居民并驻守此地,因此修建象征地方权力的衙署来进行统治。元朝至正年间,覃启处送开创唐崖土司城。明朝洪武年间,唐崖土司叛乱被平,治所废毁。明永乐四年(1406),第四任土司覃忠孝奏请朝廷重新设立唐崖长官司,并"请建官府",得到认可,唐崖土司治所复建。明天启四年(1624),因平定"奢安之乱"有功,明朝敕建的"荆南雄镇"牌坊落成。随后,唐崖土司城以三街十八巷为主体的格局逐渐形成。清雍正十三年(1735)改土归流,唐崖土司城废弃,第二年清政府在司城内设唐崖通判署。后来,部分居民房屋修建在唐崖土司城遗址上,形成了唐崖土司城址与唐崖司村共存的情况。

唐崖土司管辖范围600平方千米左右,以尚武善战著称,史书记载"明季唐崖最倔强","朴勇善战,为远近所惮",多次奉朝廷征调平乱,为维护国家大一统及西南民族地区稳定做出了积极贡献。明天启年间（1621—1627），十二世土司覃鼎几次奉命率兵入西蜀参与平定"奢安之乱"，战功卓著，朝廷提升其级别授唐崖宣慰使（实为宣抚使）职，以武略将军任事，赐大方平西将军"帅府"二字，敕建"荆南雄镇"牌坊，同意扩建治所，唐崖土司进入鼎盛时期。中国著名考古学家、北京故宫博物院原院长张忠培先生实地考察后把唐崖土司城址誉为"深山里的小故宫"。

2012年3月，中国著名考古学家、北京故宫博物院原院长张忠培考察唐崖土司城址

唐崖土司城址格局清晰，功能完备，是中国西南地区最典型、最宏大、保存最完整的土司城遗址，由一条南北向主干道、三纵三横的次干道以及数十条巷道形成的道路系统分割为数个院落，这些院落成为城内的基本结构单元，构成"三街十八巷三十六院"的格局，现存"荆南雄镇"牌坊、衙署区遗址、大寺堂遗址、土司墓葬、院落、采石场遗址、张王庙、桥上桥等重要遗存。

唐崖土司城址作为"土司制度的实物见证、山地城市的佳作典范、多民族文化发展融合的结晶"，体现了古代中央王朝以天下大一统为目标，对西南少数民族地区实行"齐政修教、因俗而治"，从而实现"天子抚有四夷"的政治格局和管理智慧。这一政治格局和管理智慧保证了国家的长期统一，也促进了民族地区的持续发展，在维护民族文化多样性传承方面具有突出意义。

唐崖土司城址一直受到当地政府重点保护，从1986年纳入县级文物保护单位开始，到

2006年，被国务院纳入全国重点文物保护单位。对唐崖土司城址的历史文化深入挖掘，是一个长年累月的过程。唐崖土司城址不仅包含历史、艺术等方面的价值，更为重要的是它承载着个人或集体对历史、自然、建筑环境、文化的认知和记忆，而且蕴含着人类历史文化交流的普遍价值。2015年7月4日，唐崖土司城址成功列入《世界遗产名录》。

唐崖土司城遗址衙署区鸟瞰图

3. 唐崖土司城历史沿革和保护工作沿革

历史沿革

唐崖土司城始建年代不详，根据唐崖土司始封时间推测，一般认为其始建于元末（14世纪）。明洪武年间，唐崖土司随湖广土司叛乱被平，治所废毁。其间，第二任土司覃值什用墓建成。明永乐四年（1406），第四任土司覃忠孝奏请朝廷重新设立唐崖长官司，"请建官府"，唐崖土司治所恢复。

明弘治年间（1488—1505），第六任土司覃彦实建成衙署。

明万历三十九年（1611），在田氏夫人和钦依峒主覃杰的主持下，张王庙石人石马雕琢而成。

明天启四年（1624），明朝廷敕建的"荆南雄镇"牌坊落成。随后，唐崖土司城以三街十八巷为主体的整体格局形成。

明崇祯三年（1630），覃鼎夫妇墓先后落成。

清雍正十三年（1735），改土归流后，唐崖土司城废弃。

清乾隆元年（1736），清政府在唐崖土司城内设唐崖通判署，乾隆三十二年（1767）驻把总一员。

工作沿革

1978年，唐崖土司城址经咸丰县文物部门调查，登记为不可移动文物。

1983年，修建张王庙罩马亭。

1986年，第二次全国文物普查期间，咸丰县文物部门调查掌握了大量的文物背景资料，收集了"唐崖长官司印"等若干文物；唐崖土司城址被咸丰县人民政府公布为县级文物保护单位。

1988年，被鄂西土家族苗族自治州（后改名为恩施土家族苗族自治州）人民政府公布为州级文物保护单位。

1990年，修建覃值什用墓和田氏夫人墓保护性围墙。

1992年，唐崖土司城址被湖北省人民政府公布为省级文物保护单位，竖立文物保护标志牌，维修"荆南雄镇"牌坊等遗存。

2000年，湖北省人民政府公布唐崖土司城址的保护范围和建设控制地带。

2001年，维修土王墓、牌坊、张王庙等处排水沟，对院墙、街巷的垮塌、损毁部分进行部分维修；同年，咸丰县文物管理所再次在此进行重点调查，收集到部分散落在民间的文物。

2003年，咸丰县人民政府制定《唐崖司文物保护管理守则》，约束居民和旅游者行为，加强文物保护的法制宣传。

2006年，唐崖土司城址被国务院公布为全国第六批重点文物保护单位。

2011年，湖北省文物考古研究所对唐崖土司城址进行局部考古发掘，进一步探明城址的分布范围、整体布局和局部建筑结构。

2012年，唐崖土司城址被列入《中国世界文化遗产预备名单》。

2013年，《唐崖土司城址保护管理办法》《唐崖土司城址保护管理规划（2013—2030）》公布并实施。

2014年，主要遗存本体安全隐患得到消除，历史风貌基本恢复。

2015年7月4日，唐崖土司城址作为"土司遗址"组成部分被列入《世界遗产名录》。

4. 唐崖土司世系情况

根据民国六年（1917）唐崖《覃氏族谱》记载，唐崖土司自一世祖覃启处送始，历经覃值什用、覃耳毛、覃忠孝、覃斌、覃彦实、覃文铭、覃富、覃万金、覃柱、覃文瑞、覃鼎（田氏夫人）、覃宗尧、覃宗禹（宗尧弟）、覃鋐、覃溥泽、覃梓椿，止于覃梓椿，共有十六世十八位。其中，覃值什用、覃忠孝、覃彦实、覃万金、覃文瑞在《明实录》均有记载，覃鼎、覃梓椿均有墓留存。

土司时期唐崖覃氏世系表

世系	姓名	时代	任土司时间	任职年限	职衔	亡故原因及时间
一世	覃启处送	元	至正十五年（1355）	不详	长官司长官	因阵身故
二世	覃值什用	明	洪武七年（1374）	不详	长官司长官	病故
三世	覃耳毛	明	不详	不详	不详	洪武十三年（1380）在任病故
四世	覃忠孝	明	永乐四年（1406）	22年	长官司长官	宣德二年（1427）在任身故
五世	覃斌	明	不详	不详	长官司长官	景泰三年（1452）阵亡
六世	覃彦实	明	天顺元年（1457）	51年	长官司长官	正德二年（1507）在任染病身故
七世	覃文铭	明	未就任	—	—	血战重伤，回营身故
八世	覃富	明	未就任	—	—	在营岚瘴身故
九世	覃万金	明	嘉靖八年（1529）	不详	长官司长官	至老身故
十世	覃柱	明	不详	不详	长官司长官	回司身病亡故

续表

世系	姓名	时代	任土司时间	任职年限	职衔	亡故原因及时间
十一世	覃文瑞	明	万历十六年（1588）	26年	长官司长官	万历四十一年（1613）告老回司病故
十二世	覃鼎	明	不详	不详	宣抚司宣抚使、武略将军	天启七年（1627）病故
十二世	田氏夫人	明	天启七年（1627）	4年	武略将军	崇祯三年（1630）身故
十三世	覃宗尧	明	崇祯三年（1630）	不足1年	不详	崇祯三年（1630）年病故
十三世	覃宗禹	明	崇祯三年（1630）	50年	长官司长官	康熙十八年（1679）病故
十四世	覃鈜	清	康熙十九年（1680）	24年	长官司长官	康熙四十二年（1703）病死于狱中
十五世	覃溥泽	清	康熙四十九年（1710）	12年	长官司长官	康熙六十年（1721）身故
十六世	覃梓椿	清	雍正元年（1723）	11年	宣抚司宣抚使、忠勇将军	雍正十一年（1733）

第二章　世遗唐崖风貌

唐崖土司城址是土家族认知环境、适应环境、建设家园、治理地方的重要文化物证，反映了人类社会与景观共生的状态，其中蕴含着丰富的历史文化内涵。

土司印信　印章在过去视为取信之物，分为官印与私印。历代官印，形状、大小、印文、纽式也有差异。土司印信由朝廷颁发，是权力的象征。

唐崖土司城址出土了两枚唐崖长官司印和一枚永宁卫前千户所百户印。一枚唐崖长官司印是清康熙十三年（1674）唐崖土司十四世祖覃鈜投靠吴三桂被授的印信。该印为铜质方形印，重675克。印面6.9厘米见方，厚1.2厘米，柄长8.2厘米。印面阳文篆书"唐崖长官司印"六字，印背面右边阴刻楷书"唐崖长官司印"，上方"礼曹造"，左边"周元年十二月"，印的左侧边缘阴刻行书字"第叁百四十四号"，钮为扁圆形，背面平整，印文面略凸起。另一枚为清廷所授，亦为铜质方形印，重1100克。印面为边长7.1厘米的正方形，厚1.8厘米，柄长7.5厘米，印面阳文篆书"唐崖长官司印"六字，背面无文字。

永宁卫前千户所百户印是明朝设立永宁卫时颁发的。十二世唐崖土司覃鼎在平定永宁宣抚使奢崇明叛乱时缴获此印。这块印信是唐崖土司军功卓著的重要物证。印为铜质方形，850克，印面为边长7.2厘米的正方形，通高8厘米，印钮为梯形，长6.5厘米，印面阳文篆书"永宁卫前千户所百户印"，印的左侧边缘阴刻有"於字二十五号"，印背面右边阴刻楷书"永宁卫前千户所百户印"，左边阴刻楷书"礼部造洪武五年十一月□日"。

明永宁卫前千户所百户印 （杨华宁 摄）

"荆南雄镇"牌坊 牌坊是封建王朝为表彰有功勋、忠孝、德政之人所建立的纪念性建筑物。"荆南雄镇"牌坊为全石建筑，位于上街、中街交界转角处上方，是衙署建筑群中轴线的起点，通高 7.15 米、面宽 8.4 米。牌坊以四石柱为支撑，石柱前后有相撑的抱鼓石及石狮子一对。石狮子现仅存一个。牌坊整体结构为三门三楼仿木构建筑，石顶上刻筒、板瓦，飞檐翘角，斗拱、石壁穿插处榫卯相融，匠心独运。上、下额枋中间的石匾两面分别阴刻"荆南雄镇"和"楚蜀屏翰"；两侧刻有题记，东面为"钦差总督四川兼湖广荆岳郧襄陕汉中等府军务策授总粮饷巡抚四川等处四方兵部左侍郎兼都察院乃金郡御使朱燮元为"；西面为"湖广唐崖司征西蜀升都司佥事兼宣抚司宣抚使覃鼎立天启四年正月吉旦"等字。上、下额枋与次间额枋上，刻有神话故事、人物图案，如"土王出巡""渔樵耕读"以及花卉装饰等图。

"荆南雄镇"牌坊

"荆南雄镇"牌坊是唐崖土司英勇善战的历史见证，也是唐崖土司城址标志性建筑。"荆南雄镇""楚蜀屏翰"八个大字概括了唐崖土司城址的精神内涵。唐崖土司城址地处楚蜀重要的军事要塞，具有重要的战略地位。牌坊的两面有丰富的浮雕图案，内涵深远，有汉文化中的"渔樵耕读""魁星踢斗，独占鳌头"，也有土司政治生活中的"土王出巡"，体现了土司对中华文化的认同和对中央王朝效忠的情怀。牌坊背面雕刻"槐荫送子"，体现了土司对后代子孙生生不息的美好愿望。

张王（桓侯）庙 张王庙又称桓侯庙，位于唐崖土司城址东北部，明万历年间由覃鼎夫人田氏主持建造。清乾隆八年（1743），第二任唐崖通判岑映奎主持修葺，嘉庆、咸丰、光绪年间在唐崖把总的主持下又屡次修缮。

咸丰土家族对三国蜀汉名将张飞非常崇拜，把张飞视为保护神。在民间，据说张飞曾做过屠夫，张飞被尊为"屠宰业祖师"。每年杀猪之后，当地百姓都要到张王庙进行祭祀。据传，过去农村杀猪时间相对集中在冬月和腊月，张王庙专门装肉的缸经常是满的（屠宰户将肉放在那里）。尖山（今唐崖镇）老街一带的土家族除夕杀猪时要到张王庙祭祀，春节时也要到张王庙、禹王宫拜祭。

张王庙是中轴对称的形制，自东向西分别为山门、马殿和拜殿，共分三进，目前保留最完整的是马殿中的石人石马。石人的整体造型符合人体的基本比例，头戴盔帽，身穿护甲，庄重威武，手握土家族油纸伞，配短剑防身。所谓巴人佩剑，"一寸短一寸险"。石马分为一公一母两匹：左边为公马，高2.38米，长2.8米，刻有铭文"万历辛亥岁季夏月四日良旦，印官覃夫人田氏修立"；右边为母马，高2.08米，缰绳上刻有"万历辛亥岁季夏月廿四日良旦，

张王庙

张王庙石人石马

张王庙石人石马（近景）

峒主覃杰同男覃文仲修立"。两匹战马用常规的倒三角形进行构图，突出其厚重稳健，整个动势栩栩如生，体现了艺术性与科学性的完美结合。石马虽历经风雨侵蚀，但其鞍、镫、缰、辔等技术构件都保存较为完好，身上的莲花和麒麟纹仍然生动细致。庙内马殿右侧围墙上，留下七通碑刻，记载清乾隆年间改土归流以后和清末光绪年间两次重要的维修情况，其中"公颂重新"碑、"重修张王庙碑记"碑、"万古不朽"碑保存尚好。

张王庙引来无数咸丰文人凭吊。清咸丰年间咸丰县袁彩臣曾为张王庙做联二副："百里雷霆驱石马，万山风雨舞泥龙"，"威名赫赫传千古，日月荡荡播万年"。

大寺堂遗址　大寺堂是土司与族众礼佛场所。它位于唐崖土司城西北方，衙署左侧，采石场西部，为土司夫人田氏所建，民国时期废毁。建筑格局略呈长方形，东、南、北三面设有院墙，西面以山崖为界，占地面积约600平方米。根据现有五级台地及遗存分布情况判断，其空间布局类似于汉族人民居住地区的佛寺，由放生池、山门、前殿、大雄宝殿、法堂、藏经阁等构成，特别是放生池等遗存，形制、结构清晰。寺内曾发现刻有"大寺堂"铭文的石构件，寺左侧有民国时期石砌僧人墓一座。寺内曾有庙联"大寺传千古，千家有幸千家福；唐崖镇八方，八德无亏八洞仙"。

土王墓 古墓群位于土司城西北角。土王墓建于明洪武初年，墓主是第二代土司覃值什用，它在唐崖土司城古墓群中规模最大，雕刻最为精美。墓葬形制为半地穴全石仿汉地四开间殿堂式，重檐无殿顶，雕有柱、枋、斗拱、屋檐、鸱吻等仿木仿瓦构件，内有石砌椁室四个，整石合成，后有壁龛，室间雕饰钱纹小格窗，廊顶雕刻圆形藻井，墓前设有"八"字形祭台，石板铺地，前有三级台阶相连。"八"字形祭台的围栏上刻有狮子与猴子，它彰显着土司权力的崇高。墓内雕有花草、瑞兽、团花、云纹等图案，建造华丽、雕工精美，代表了同时期石雕工艺的高超艺术水平。

覃值什用墓

田氏夫人墓建于明崇祯三年（1630），墓主为第十二代土司覃鼎夫人田彩凤。墓前立有石碑一通，高1.9米，碑面阴刻铭文"明显妣诰封武略将军覃太夫人田氏墓"，左题"孝男印官宗尧祀"，后题"皇明崇祯岁庚午季夏吉旦立"。碑前立有牌坊一座，通高3米，四柱三开间，前后均有抱鼓相撑，造型简单，无雕饰花纹。匾额阳刻楷书"万古佳城　乾坤共久"八字。

覃鼎墓位于唐崖土司城内西北角、田氏夫人墓左侧100米处，东距大印塘约50米。覃鼎墓为封土墓，坐西北朝东南，平面呈馒头形，封土底径约3米，高约1.7米。封土正面立碑，碑两侧设抱鼓石，呈"八"字形布置。碑文阴刻楷书"武略将军覃公讳鼎之墓"，款"孝男覃宗尧祀""庚午岁季春吉旦"。碑帽为悬山式，凿有瓦纹。碑座为须弥座式，刻有卷云纹。覃鼎为唐崖土司鼎盛时期的首领，然其墓形制简单，规模与身份明显不符，且小于其夫人之墓，值得探究。

街市与巷道　唐崖土司城鼎盛时期有三街十八巷三十六院落，道路看似繁杂却有规律可循，排水虽纵横交错却有科学体系。

唐崖土司城的道路体系由主干道、三纵三横次道以及数十条巷道组成。主干道自南向北依次分为上、中、下三街，全长800余米，路面宽1.5～2.7米，条石铺砌，为城址内保存最完好的道路遗存；次干道由东西向第一、第二、第三下河道及南北向的第一、第二、第三横道组成，宽1～1.7米，块石铺砌；数十条巷道位于主次干道之间，块石铺砌，窄于次干道，为分割院落、连接主次干道的基本通道。

唐崖土司城址道路体系

唐崖土司城址所在地气候湿润，降水较多，城内必须修建防洪工程，城内排水系统纵横交错，纵向水沟分为第一下河道边沟、第二下河道边沟、第三下河道边沟，直通唐崖河，三条主要边沟较宽，为明沟；横向水沟为主干道和横道边沟，宽度较窄，或明沟或暗沟，为辅助排水，先汇集一侧然后排向纵排水沟或天然沟壑内流出城外。暴雨季节时，可以利用贾家沟、打过龙沟和碗厂沟将洪水顺势排到唐崖河。唐崖土司城址的排水系统并不是一次建成，而是经过几百年的修建逐步完善。

唐崖土司城址第二横道

唐崖土司城址上街

唐崖土司城址第一下河道

唐崖土司城址三街十八巷的布局与排水系统，科学地利用了山体自然海拔高差，并且依山采形，就水取势，使得各个通道、水沟主次分明，功能分明，突出了唐崖土司依恋自然、尊重自然、顺应自然、因地制宜改造自然的理念。

唐崖土司城址排水沟

古井 水井是城市和聚落最重要的生活设施和标志性空间。据民间传说,唐崖土司城当年共筑有48口井。目前已调查确认的有10余口,大多还在继续使用。一般位于道路的尽头或路内侧的陡坎处。平面形状基本为方形,底部铺砌石板,四壁均用规整的石块砌成,井沿外一般有一个石砌平台。

古井

位于小衙门西北角的水井体量最大,最为完好。该井为长方形竖穴井,井口平面略呈方形,边长约1米,深0.7米。沿井口设有台阶便于打水。井台西侧建有一石块垒砌的土地庙,亦用较为规整的石块修砌,边长约1.3米,高约1米。为保障水源的卫生,外围有一圈石墙,边长约2.8米,高约0.5米,根据形制判断,原应设有井亭。为保持水位,避免丰水期井水四溢,井口底部有一近长方形排水孔与外部暗沟相连。

夫妻杉 玄武山被当地人视为龙脉,山上有两棵绿盖如阴的古杉,相距约7米。一棵树围为4.75米,高41米;一棵树围为4.7米,高38.5米,冠高总长约21米。这两棵树是土司覃鼎与田氏夫人一起栽种的,一雌一雄,一刚一柔,一叶如针,一叶细软,寓意"百年好合",故称之为"夫妻杉"。夫妻杉的树根绑有众多红色布带,因为夫妻杉在人们眼中是给人带来美好、平安的"神树"。

夫妻杉

桥上桥 桥上桥位于唐崖土司城东北部，为下街上的主要交通设施，两端与下街路面基本平齐。桥面因建筑年代不同和形制不同，分为上、下两层，因之得名"桥上桥"。下层桥为早期所建，后期城市改扩建时为保证主干道平坦，遂又搭建一层桥面。桥南北走向，横跨天然沟壑打过龙沟，为全石结构梁桥。根据桥墩结构判断，该桥历史上应为风雨桥，现仅存桥身。

下层桥具体修建年代不详，桥面依托自然基岩而建，为单孔石板桥，桥面采用三块石板简单铺砌，桥面长约2米，宽约1.5米。上层桥为两墩三孔梁桥。孔跨不等，其中北孔体量最大，长约1.9米，高约1.4米。桥面全长约7米，宽约2米，采用规整的巨型砂岩石板铺筑而成。根据桥墩顶部现存的方形孔洞判断，桥面铺筑前，先在桥墩间搭建木梁，然后再依托木梁铺设桥面。

采石场 采石场位于唐崖土司城中部偏北，地处大寺堂与张王庙之间，东西长约 200 米，南北宽约 50 米，总占地面积逾 1 万平方米，是唐崖土司城建筑材料的主要来源地。该地石材为青灰砂岩，结构紧密，质地坚实，耐腐蚀，耐风化，有利于制作各种形制的建筑材料和雕饰构件。现存基岩和石块上有明显的开凿痕迹，从残留的烟熏痕以及錾窝分析，当时采石工艺比较科学：首先对基岩进行火烧，然后用冷水浇注使石头受热不均匀炸裂后，用楔子嵌入裂缝进行锤击，将石料剥离，再用錾子在石料上开出楔眼，塞入楔子，通过锤击开出所需石材。由于采石历史较长，采石场随处可见开采后的废料以及残留的孤立岩石，有如动物状，因此被民间俗称为"群猪下河"。

第三章　世遗唐崖布局

唐崖土司城址三维复原图

唐崖土司城总体布局以上、中、下街道形成的Z形折线为主线，主线之上分布衙署区、大寺堂、土司墓等礼制性与宗教性建筑，主线之下建造居民的生活区、经济区等，形成古代尊卑有序、主次分明的城市建筑格局。

根据现有遗存确认，历史上的唐崖土司城由城市本体、墓葬及外围附属设施三部分组成，分布范围明确，大致以唐崖河和周边的天然壕沟构成一个相对封闭的空间，东西长约 1200 米，南北宽约 700 米，总占地面积约 74 万平方米。城内部分是主体，位置在紧邻唐崖河较为平缓的区域，四周有城墙围合，随地形呈不规则梯形，总面积约 35 万平方米。

衙署遗址

唐崖土司城在山水秀丽的唐崖河西岸玄武山麓。土司城帅府内设置机构颇完整，建有衙署、小衙门、地牢、阅台、书院、靶场、万兽园等。唐崖土司曾是尖山、活龙、二仙岩、清坪一带政治、经济、文化中心。唐崖土司城依托地理条件，共有自然和人工两道防御体系。自然防御体系为其依托的山形水势和沟壑，人工防御体系为城墙。

城墙

唐崖土司城除南面中部依托自然山险外，外围均修筑有城墙。城墙随形就势，平面呈不规则形，东西跨度约 700 米，南北跨度约 670 米，周长约 2500 米。墙体采用"石包土"结构，两侧以自然块石垒砌，内部夯土。现大部分基础保存完好，残存城垣大多高有 1 米以上。其中以南墙西段和东墙中段保存最好，残长约 150 米，墙基宽约 3 米，高约 2.5 米。

东城墙

道路

唐崖土司城历史路网体系共分为"三街十八巷",目前已基本确认,由城内的主干道、三横三纵的次干道、数十条巷道构成,基本保持原有格局。主干道是全城最长、规模最大、工艺最高,且保存最为完好的道路遗存。南北向贯通全城,路面大部分平直,局部随地形弯曲折拐。自南向北依次分为三段,俗称为上、中、下三街,全长800余米,路面宽1.5~2.7米,中段最宽处达3.5米。路面采用青砂岩铺筑,路心为横向条石铺砌,路肩采用纵向条石压边。路面纵向设有排水阳沟数条。

唐崖土司城道路

下篇

「图」说世界遗产唐崖

咸丰县民族博物馆藏品精粹

第四章 战 国

文物里的世遗唐崖

1. 虎钮錞于

錞于，亦作錞釪、錞，是我国古代的一种乐器，其最早出现于春秋时期，盛行于战国至西汉早期。史书最早见于《周礼·地官·鼓人》："以金錞和鼓。"东汉郑玄注曰："錞，錞于也，圆如碓头，大上小下，乐作鸣之，与鼓相和。"《国语·晋语》曰："战以錞于、丁宁，儆其民也。"《淮南子·兵略训》曰："……约束信，号令明，两军相当，鼓錞相望，未至兵交接刃而敌奔亡……"又《国语·吴语》曰："……王乃秉枹，亲就鸣钟鼓、丁宁、錞于、振铎，勇怯尽应……"由此可见，錞于主要是作为军乐器，用于战争中指挥军队进退。

虎钮錞于

虎钮錞于原藏于咸丰县文物管理所，现藏于恩施州博物馆，为国家二级文物，咸丰县民族博物馆现藏有复制件。这件虎钮錞于属战国晚期巴人所用器物，呈椭圆柱形，上大下小，内部中空。该錞于通高45厘米，盘首面径21.5厘米，肩径31厘米，足径17.5厘米，重2.75千克，器身完整，铜色有光泽。錞于承盘中央有一虎钮，虎身矫健瘦长，四肢伏低，虎尾卷曲下垂，背部前低后高，虎头微微扬起，虎口微张，无明显利齿，其造型极富力量感。虎钮承盘周围分布着船纹、鱼纹、云雷纹等巴族图语。

虎钮錞于钮盘虎钮造型

据考证，以虎为钮的錞于是古代巴族青铜文化的代表性器物。传说巴族祖先廪君巴务相死后化为白虎，《后汉书·南蛮西南夷传》对其有所记载："廪君死，魂魄世为白虎，巴氏以虎饮人血，遂以人祠焉。"另唐人樊绰《蛮书》亦载："巴氏祭其祖，击鼓而祭，白虎之后也。"可见，远古巴人尚虎。

根据云南晋宁石寨山出土的青铜鼓器身图像可知，錞于的使用方式是用绳系钮，通过槌敲击和以手拍击錞面两种方式使用。另外，錞于除了用于作战，亦可作为祭器用于重大礼仪活动等场合。

2. 铜矛

铜矛，是战国至秦汉时期的一种常规冷兵器。柳叶式铜矛与虎钮錞于、柳叶形剑等一样，都是极具巴文化内涵的青铜器。

铜矛现藏于咸丰县民族博物馆，长19.93厘米，宽2.25厘米，厚1.12厘米，重0.1千克。矛叶窄长尖锐，形似柳叶，刃部锋利，素面无纹饰。

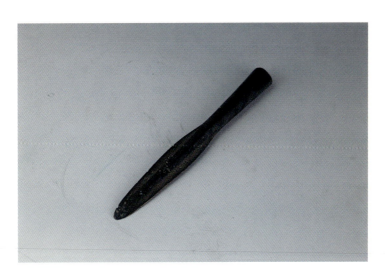

铜矛

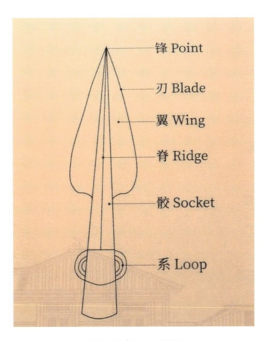

铜矛各部位名称图

战国时期，棱脊窄叶矛成为中原地区主流的矛头形制，锋利无比，具有很强的杀伤力。

第五章　汉

文物里的世遗唐崖

1. 甬钟（一）

甬钟，周代青铜乐器，属打击乐器类，合瓦形结构，因其舞部之上立有甬柱而区别于舞部之上立有悬钮的钮钟，故而得名甬钟。

甬钟主要分为舞部（甬钟最上端的平面）、篆部（甬钟立面中部狭长条状区域）、钲部（篆部两侧）、鼓部（篆部下方）、枚（钟面上的乳钉状突起）、铣（钟下两角）。

甬钟（一）原藏于咸丰县文物管理所，现藏于恩施州博物馆，为国家三级文物。该甬钟通高30.9厘米，钟体高23.9厘米，甬柱长7厘米、直径2.5厘米，壁厚0.3厘米，铣底部长13厘米，宽6.3厘米，重1.45千克。甬钟造型规整，钟体为合瓦形，铣边有棱，腹平，中空，钟体上窄下宽，篆及鼓部纹饰模糊不清，钲两侧各有枚9个，正反面共计36个。正面钲间无铭文。

《孟子·万章下》记载："集大成也者，金声而玉振之也。"可见，钟在古代位居金类榜首，地位可谓举足轻重，非王家贵族不能用也。

甬钟（一）立面

甬钟（一）侧面

2. 甬钟（二）

甬钟（二）原藏于咸丰县文物管理所，2014年入藏咸丰县民族博物馆，为国家三级文物。该甬钟通高34.5厘米，钟体高26.5厘米，甬柱长8厘米、直径3厘米，壁厚0.3厘米，底部长19.54厘米，宽10厘米，重2.36千克。

甬钟（二）立面

3. 甬钟（三）

甬钟（三）原藏于咸丰县文物管理所，2014年入藏咸丰县民族博物馆。该甬钟通高29.1厘米，钟体高21.2厘米，甬柱长7.9厘米，底部宽14.52厘米，重1.29千克。

甬钟（三）立面

甬钟（三）合瓦口面

4. "永元十二年堂狼造"铭铜洗

洗，是古人生活中常见的盥洗器具，相当于现在的脸盆。洗最早出现在战国时期，汉代最为流行，主要由铜铸造而成，故而称铜洗。《仪礼》有"夙兴，设洗，直于东荣"和"设洗于阼阶东南"的记载，东汉郑玄注曰："洗，承盥洗者，弃水器也。"先秦时期，贵族洗手，称为"沃盥"，需要至少两人服侍。一人在上面浇水，叫做"沃"；另一人在下面接水（主人洗手）叫作"盥"。尽管汉代的沃盥仪式已经非常简化，但铜洗仍然只有贵族可以使用，是财富和地位的象征，普通百姓只能用木洗和陶洗。

"永元十二年堂狼造"铭铜洗出土于二十世纪七八十年代咸丰县杨洞乡（今属坪坝营镇），现藏于咸丰县民族博物馆。该铜洗通高21厘米，外口径50厘米，内口径41厘米，高21厘米，底径26厘米，宽折沿，弧腹，平底。器身上部饰弦纹6道，两侧有对称兽面辅首，内底竖行阳铸铭文"永元十二年堂狼造"字样。"永元"即东汉第四位皇帝汉和帝刘肇的第一个年号，永元十二年即公元100年。

"永元十二年堂狼造"铭铜洗立面

"永元十二年堂狼造"铭铜洗覆面

"永元十二年堂狼造"铭铜洗内底铸铭拓片

据考证，现存世的铜洗多为汉代铸造，从历代金石考古著录及铭文记载来看，现存汉代铜洗多产于东汉时的朱提和堂狼。朱提在今云南昭通一带，堂狼（又作"堂琅""堂螂""螗螂"）为今云南会泽、东川、巧家一带，二者相隔不远。关于朱提的银铜，古籍中多有记载。如《汉书·地理志》："朱提，山出银。"《后汉书·郡国志》："朱提，山出银、铜。"可见，在两汉时期，这两地就是重要的银铜产地，所铸铜洗精工坚固，人们习惯性地称这一带发现的汉代铜洗为朱提堂狼铜洗。

5. "富贵昌宜侯王"铭双鱼纹铜洗

"富贵昌宜侯王"铭双鱼纹铜洗（一）二十世纪七八十年代出土于咸丰县境内，现藏于咸丰县民族博物馆。铜洗外口径43厘米，内口径35厘米，高20厘米，底径24厘米，敞口，圆唇，折沿，平底。洗外壁两侧有一对对称的兽面铺首，内底中心处饰双鱼纹，鱼鳞清晰可辨，双鱼纹之间铸有铭文"富贵昌宜侯王"字样。据浙江大学吴小平教授介绍，这件铜洗不同于东汉早期的平唇铜洗，其唇沿开始有所变化，略有演进为竖唇的倾向，应铸造于东汉中期。

"富贵昌宜侯王"铭双鱼纹铜洗（一）立面

"富贵昌宜侯王"铭双鱼纹铜洗（一）内底铸铭纹样拓片

铜洗内底所铸"富贵昌宜侯王"之"侯王"，并非指某一特定侯王，实为汉代流行的吉祥语，时铜镜、墓砖、瓦当上均可见。除此之外，汉代铜镜、墓砖、瓦当上常见吉祥语还有"富且昌""乐未央""师命长""君宜高官""位至三公""大吉祥富贵宜侯王"等。作为纹饰素材之一的鱼纹，从新石器时期仰韶文化彩陶器到晚清民国瓷盘，均屡见不鲜。鱼纹装饰如此盛行，与其象征意义不无关系，因鱼多子，古人常以其象征"人丁兴旺，子孙繁衍"；另外，鱼与"余"谐音，常被赋予"富贵有余"的文化寓意。

"富贵昌宜侯王"铭双鱼纹铜洗（二）现藏于咸丰县民族博物馆，青铜质地，竖唇，通高 15 厘米，外口径 31 厘米，内口径 25 厘米，底径 20 厘米。洗外壁两侧有对称兽面辅首，内底竖行阳铸铭文"富贵昌宜候王"字样和双鱼纹。铜洗做工粗糙，体量较小，应为东汉晚期所造。

"富贵昌宜候王"铭双鱼纹铜洗（二）立面

"富贵昌宜候王"铭双鱼纹铜洗（二）内底纹样拓片

除此之外，咸丰县民族博物馆另藏有一件东汉晚期所造铜洗，其形制同于"富贵昌宜侯王"铭双鱼纹铜洗（二），其外口径22厘米，内口径15厘米，底径22厘米，高16厘米。洗壁偏薄，洗身斑驳腐蚀严重，素底无纹饰。

6. "八百"铭鱼鹭纹铜釜

土家族"釜文化"历史悠久，最早可追溯到7000多年前新石器时代的城背溪文化。战国到两汉时期，土家族人聚居地区窖藏和墓葬中出土了大量的铜釜，同时在三峡地区的墓葬中也出土了数量较多的铜釜。这些铜釜是由早期的陶釜演变而成，是晚期巴人青铜文化中具有代表性的器物之一。这一时期的铜釜，除用作炊器外，也可能用作祭器。东汉以后，随着铁器的广泛使用，铜釜又逐渐演变成铁釜，并一直沿用至今。

"八百"铭鱼鹭纹铜釜于1981年出土于咸丰县清坪乡南家沟，原藏于咸丰县文物管理所，2014年入藏咸丰县民族博物馆，现为国家二级文物。该铜釜重4.12千克，高20厘米，口径49厘米，底径26厘米，腹径40.5厘米，侈口、折沿、束颈、鼓腹、圜底，肩部有对称形环状耳，内底饰"左鹭右鱼纹"，鱼鹭之间有"八百"字样，铜釜外壁有明显的烟炱痕迹。

"八百"铭鱼鹭纹铜釜立面

"八百"铭鱼鹭纹铜釜覆面

"八百"铭鱼鹭纹铜釜内底铸铭纹样拓片

据考证,在汉代,青铜器是允许交易的,如满城汉墓发掘出土文物中就有一件带铭铜锔,上铸"贾八百卌"。其中,"贾"通"价","八百卌"即价格为八百四十钱,若折合成粮价,相当于当时一个劳动力一年至一年半的口粮。

目前,在全国范围内极少发现有刻录购买价格的汉代铜釜。因此,"八百"铭鱼鹭纹铜釜的存世显得尤为珍贵,为研究汉代物价和币值提供了一定的历史信息。

7. 铜钫

铜钫，俗称方壶，是盛行于战国中晚期至西汉的一种酒器，其形状为方形，长颈，鼓腹，有盖，亦可盛装粮食。《梦郼草堂吉金图》曰："铜钫容六升，重廿九斤。"

铜钫原藏于咸丰县文物管理所，2014年入藏咸丰县民族博物馆，为国家三级文物。铜钫重2.32千克，高31.5厘米，底足高12.9厘米、宽23厘米，口径10.02厘米。钫呈四棱形，颈较长，方口、斜肩、鼓腹、圈足，上方无盖，口部为后期修复。铜钫腹部有一对铺首衔环。铜钫内底有相等的四方格，从局部印迹可见模糊图纹。

铜钫立面

铜钫立面铺首

铜钫覆面

8. 铜鍪

铜鍪，是巴蜀青铜器中颇具特色的炊器，存在于战国早期至东汉晚期。随着秦灭巴蜀，铜鍪于战国中晚期进入关中，并逐渐被各地广泛使用。

铜鍪立面

铜鍪原藏于咸丰县文物管理所，2014年入藏咸丰县民族博物馆。该铜鍪体量较大，为东汉晚期窖藏青铜器，外口径34厘米，内口径24厘米，高27厘米，盘口、弧颈、折肩、圆腹、平底，双耳位于肩近颈处，腹与腰交界处有对称铺首。

铜鍪侧面

铜鍪覆面

据考证，这件铜鍪不同于普通无铺首铜鍪，其汉化特征明显，可见当时中原汉文化对巴蜀地区的强大影响。

9.军假司马铜印

在中国古代,印章是权力的象征。按照明清制度,从布政使到知州、知县等各级地方官皆用正方印,故称"正印官"或"印官"。其他临时差委以及非正规系统官员,则用长方印。

"军假司马",武官名,简称"假司马",东汉置,佐军司马管理军务。据《后汉书·百官志》载:"其领军皆有部曲。……又有军假司马、假候,皆为副贰。"《后汉书·班超传》:"十六年,奉车都尉窦固出击匈奴,以超为假司马……今以超为军司马,令遂前功。"

军假司马铜印印面

军假司马铜印印文

军假司马铜印立面

军假司马铜印原藏于咸丰县文物管理所，2014年入藏咸丰县民族博物馆。该铜印长2.53厘米，宽2.47厘米，高2.09厘米，重68.18克，面呈方形，印体中厚，铜中带红，印文"军假司马"四字做白文（指印面上的文字凹入，因此又称阴文）二行，无边。整体笔画朴实。铜印背面为桥钮，钮中横穿一圆孔，应用于系挂绳链。

10. 铜狗

铜狗原藏于咸丰县文物管理所，2014年入藏咸丰县民族博物馆，现为国家三级文物。通长6.07厘米，通宽3.25厘米，重4.28克。

铜狗

11. 铜骑马俑

铜骑马俑原藏于咸丰县文物管理所，2014年入藏咸丰县民族博物馆，现为国家三级文物。通长7.44厘米，厚2.86厘米，重115.61克。

铜骑马俑

12. 五铢铜币

五铢钱首创于汉武帝时期，其可追溯到秦代的圆形方孔钱——秦半两。五铢即钱重量为五铢，秦汉时期二十四铢为一两。西汉五铢钱为圆形方孔钱，可分为常见类型五铢、大型五铢、小型五铢及剪边五铢四种类型。

咸丰县民族博物馆现藏有多枚西汉五铢钱，从钱币外形尺寸上来看，应属小型五铢。小型五铢又称为榆荚钱、鸡目钱、鹅眼钱，其尺寸小、重量轻，多出现于墓葬中而不见于遗址中，主要作为陪葬明器使用，是一种专用的冥币。

五铢铜币

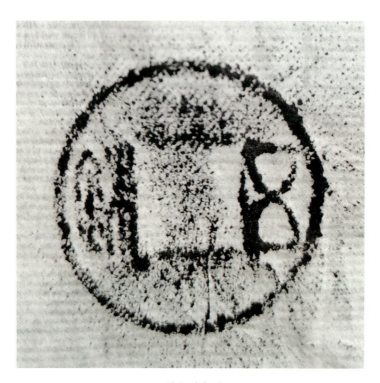

五铢铜币拓片

汉武帝摒弃原来所用的各种重量而采用五铢，主要受到西汉流行的"五行"思想所致。

当时的人认为圆形方孔钱代表着"天圆地方"，且有字一面为正面，代表"阳"；无字一面为背面,代表"阴",最初制造的精品五铢钱背面偶尔铸有星月图案。由此,也可把五铢钱看作西汉"五行"思想的物化体现。

13. "长生无极"铭瓦当

"瓦当"即筒瓦之首,有半圆和圆形两种,因刻有"瓦"和"当"字样,故此得名。其作用为保护屋檐,遮挡瓦间隙,也可作装饰之用。瓦当历史十分悠久,最早可追溯到西周时期,当时的瓦当形制都较简单,形状多为半圆形,素面,其背面或正面带有用以固定位置的瓦钉或瓦环。汉代是瓦当工艺发展的鼎盛时期,纹饰更为精进,做工更为精细。按其纹饰可以分为图像纹瓦当、图案纹瓦当和文字瓦当三大类,其中文字瓦当最具特色。

"长生无极"铭瓦当原藏于咸丰县文物管理所,2014年入藏咸丰县民族博物馆,国家三级文物。该瓦当为青灰色泥质,厚5.03厘米,当面为圆形,直径17.24厘米,边轮宽1.5厘米,重0.96千克,胎质精良,制作考究。瓦当双界格线四分当面,不穿当心。当心无乳突,外饰一周12个小乳钉环绕,其外为四扇面格,每界格内阳文篆书各一字,合为"长生无极"四个字,笔画纤细,庄重和谐,精美绝伦。

"长生无极"铭瓦当正面

"长生无极"铭瓦当拓片

据考证,"长生无极"四字是汉代吉祥语句。汉高帝七年(公元前200年),丞相萧何修建未央宫,宫中诸殿覆檐瓦当,分为"汉并天下""长乐未央""诸胥未央""长生无极""万寿无疆""永寿无疆""太极未央"七种。

汉代瓦当集绘画和雕刻为一体,是实用性与美学相结合的产物,在古建筑上起着锦上添花的作用。同时,这些精美的汉代瓦当也是考古学年代判断的重要实物资料,对研究当时的社会文化、建筑、书法、篆刻、绘画等都有着重要的参考价值。

第六章 唐

文物里的世遗唐崖

开元通宝

唐高祖武德四年（621年）废五铢改铸"开元通宝"钱，钱文"开元"为"开新朝之元、新币之元"意，"通宝"意即通行宝货。

开元通宝正面

开元通宝原藏于咸丰县文物管理所，2014年入藏咸丰县民族博物馆。直径2.44厘米，穿口边长0.7厘米，厚0.15厘米，重3.69克。钱币内外廓精巧细致，"元"字第二笔向上作左挑，币背多平坦光洁。

第七章 宋

文物里的世遗唐崖

1. 青釉斗笠碗

青釉斗笠碗原藏于咸丰县文物管理所，2014年入藏咸丰县民族博物馆，国家三级文物。斗笠碗于宋代始烧，此后历代均有烧制，因其倒置过来形似一只斗笠，故得名。该斗笠碗高4.69厘米，口径14.5厘米，底足高3.96厘米，碗壁厚0.58厘米，重0.19千克，大沿口，斜直壁呈45°，小圈足，影青色，釉质莹润，稳重大方，浑厚淳朴而又不失隽秀。

青釉斗笠碗立面

青釉斗笠碗仰面

古人造碗师法自然。海棠式、莲瓣式、折腰式、卧足式、鸡心式、盖碗式及墩式，不一而足。

2. 多角谷仓罐

谷仓罐，又称魂瓶、神亭壶、陶仓、粮罂、谷仓、钱库多角罐等。谷仓是一种约定俗成的称谓，自三国以来它就是随葬明器的一种类型，在墓中用以盛贮谷物、铜钱、美酒等以期望墓主在冥界享用，皆为致奠之意。

多角谷仓罐原藏于咸丰县文物管理所，2014 年入藏咸丰县民族博物馆，国家三级文物。其为形制相同的一对。谷仓（一）高 20.92 厘米，底径 8.65 厘米，口径 8.09 厘米，罐高 18.61 厘米；谷仓（二）高 20.91 厘米，底径 8.69 厘米，口径 7.54 厘米，罐高 17.23 厘米。两谷仓均为陶质，有盖，盖顶有乳钉钮小口，鼓腹，圈足，盖与罐身用堆贴手法捏塑出多角，形似建筑屋顶，上下相互对应，极为美观。

多角谷仓罐立面（一）

多角谷仓罐立面（二）

自宋代中期以后，谷仓罐造型常以多角为饰，且以浙江地区的窑口烧制为最佳，罐上常装饰数排的角，故称多角谷仓或多嘴谷仓，意在祈望五谷丰登，多子多福。古人"事死如事生"，死后也希望在另一个世界过着类似在人间的生活，多角谷仓罐寄托了古人某种冥世观念。

3. 元祐通宝

宋代钱币,是中国历史上钱币铸造、发展的高峰,品种繁多,工艺精致,钱文瑰丽,形制完美,历来多有赞誉。元祐通宝原藏于咸丰县文物管理所,2014年入藏咸丰县民族博物馆。其直径2.46厘米,厚0.12厘米,重3.51克,钱文行书,旋读(按上右下左顺序读)。

宋代钱币的版式,可谓精彩纷呈,传世丰富,一种钱币甚至有数十种版式之多。元祐通宝为哲宗在元祐年间(1086—1093)铸造,有折二,有小平,有铜钱,有铁钱,两者都有对钱,另有折三对铁钱,钱文据说为司马光和苏轼手书。

元祐通宝正面

4. 至道元宝

中国汉字书法艺术在宋朝钱币上得到了充分的发扬。篆、隶、楷、行、草,各种书体都有。宋朝皇帝一般都喜好书法,这为钱文艺术的发展提供了良好的条件。

至道元宝原藏于咸丰县文物管理所，2014年入藏咸丰县民族博物馆。其直径2.42厘米，厚0.11厘米，重2.98克，铜质，书体分真、行、草三体（真体是指中国繁体字的正楷体），钱体表面有黑色氧化层。至道元宝钱文为真、行、草三种书体的结合，俗称"三体书"钱。其钱文由宋太宗赵炅亲书，他是我国古代货币史上御书钱文的第一个皇帝，也开创了"御书钱"的先河。

至道元宝正面

5. 治平元宝

　　治平元宝原藏于咸丰县文物管理所，2014年入藏咸丰县民族博物馆。其直径2.23厘米，厚0.13厘米，重3.19克。面文"治平元宝"四字旋读（按上右下左顺序读），篆体，光背。"治平"一词出自《抱朴子》："又于治世隆平，则谓之有道，危国乱主，则谓之无道。"治平年号从1064年用到1067年（4年），可惜宋英宗过世太早，治平年号是他唯一使用过的年号，这个时期铸造的钱币就叫作治平元宝和治平通宝。

治平元宝正面

6. 皇宋通宝

皇宋通宝，为北宋宋仁宗宝元二年至皇祐末年（1039—1053）所铸钱币，为避钱文重"宝"而造的非年号钱。此钱币材质有铜、铁两种，钱文用真、篆两种字体，直读（按上下右左顺序读），光背，折二篆书罕见，小平以九叠篆为珍稀品。

皇宋通宝正面

皇宋通宝原藏于咸丰县文物管理所，2014年入藏咸丰县民族博物馆，共两枚：其中一枚直径2.44厘米，厚0.11厘米，重3.17克；另一枚直径2.45厘米，厚0.1厘米，重2.93克。二枚皆直读，光背，钱文为篆体。

在版别众多的皇宋通宝钱币中，有一种称皇宋九叠篆的钱币尤为珍贵。九叠篆又称上方大篆，秦汉无此制，唐宋以来多用于官印上面。九叠篆是以小篆为基础，笔画反复折叠，盘旋屈曲，点画皆有纵横两个方向，填满空白部分，求得均匀。"曲屈平满"是九叠篆书法最大的特点。每一个字的折叠多少，则视笔画繁简而定，有五叠、六叠、七叠、八叠、九叠、十叠之分。之所以称之为九叠，"乃以九为数之终也，言其多也"，形容其折叠之多。将这种"九叠篆"用于钱文，在数千种古钱币中，皇宋通宝仅为孤例，故被历代收藏家视为稀世珍品。关于皇宋通宝九叠篆的铸造背景，现今钱币学家一般认为该钱币为"置样钱"或"开炉钱"，不是流通钱币。

7. 祥符元宝

祥符元宝为宋真宗大中祥符年间（1008—1016）铸行。"祥符"乃祥瑞的符命，有福、禄、寿之意，富有祥瑞满溢之气，是名副其实的"吉祥符"。

祥符元宝原藏于咸丰县文物管理所，2014年入藏咸丰县民族博物馆。钱币直径2.21厘米，厚0.07厘米，重1.83克，钱文字体为真书体，旋读（按上右下左顺序读），铸造较为精致。

祥符元宝正面

自古以来,"祥符元宝"是有名的"吉祥钱",当时很多青年男女把它作为定情的信物互相交换,直到今天,有些地区还保留着这一风俗习惯。

8. 其他铜币

咸丰县民族博物馆还藏有其他精美铜币。宋太宗赵炅太平兴国年间(976—983)的"太平通宝"钱币为宋代第一种年号钱,直径2.29厘米,厚0.07厘米,重2.01克。此钱面"太平通宝"四字为楷书,直读,字廓深峻,文字端庄。

太平通宝

北宋仁宗赵祯嘉祐年间(1056—1063)铸行的嘉祐元宝铜钱一枚,直径2.21厘米,厚0.14厘米,重3.30克,钱文为篆体,旋读。

北宋哲宗绍圣年间(1094—1097)铸造的绍圣元宝,直径2.36厘米,厚0.13厘米,重3.67克,钱文隽秀端庄,圆润脱俗。

绍圣元宝

北宋徽宗崇宁年间（1102—1106）的崇宁重宝，直径3.22厘米，厚0.19厘米，重2.52克，钱文为隶书，古朴方正，严谨庄重，法度固定。

崇宁重宝

北宋徽宗赵佶大观年间（1107—1110）所铸的大观通宝年号钱，直径4.08厘米，厚0.27厘米，重16.92克。钱币穿郭匀称规整，铜色略深。钱文"大观通宝"为瘦金体，其字体纤秀，气韵贯通，"通"字为宋代方头通，背面无铭文。

北宋徽宗政和年间（1111—1117）铸造的政和通宝铜钱，直径2.34厘米，厚0.11厘米，重3.22克，钱文为隶书，对读。

政和通宝

第八章 元

文物里的世遗唐崖

钧窑天青釉碗

钧窑天青釉碗原藏于咸丰县文物管理所，2014年入藏咸丰县民族博物馆，国家三级文物。其高7.6厘米，厚0.58厘米，底径5.69厘米，口径18厘米，重0.54千克，圈足，足端无釉，天青釉质温润凝厚，有开片。

钧窑天青釉碗正面

钧窑天青釉瓷碗仰面

钧窑天青釉瓷碗覆面

钧窑，即钧台窑，其工艺技术在宋徽宗时期达到极致。元代钧窑器胎不如宋代细润，特征是胎质较粗松，呈色为白、灰白、黄、红、黑；积釉肥厚，浑浊失透，多棕眼，釉泡，光泽较差；施釉不到底，圈足宽厚外撇，内外无釉，足内胎面常留有尖状痕迹。

第九章　明

文物里的世遗唐崖

1. 六虎金镯

六虎金镯出土于咸丰县大路坝女儿寨，现藏于咸丰县民族博物馆，国家一级文物。金镯重230克，直径8.14厘米，纯金锻制。金镯形制与汉族器物迥然不同，其外圈之上铸有六只形制相同的老虎，虎口微张，虎身匍匐，虎尾下垂。金镯整体造型简练明快，含蓄典雅，具有浓郁的土家族特色。以虎为饰，体现出土家族人尚虎的独特文化信仰。

六虎金镯

说起六虎金镯出土地女儿寨，民间还流传着一段神奇的传说。据传，明朝初年，朝廷派将领邓愈驱兵到鄂西南平定土司。唐崖土司覃启处送率领兵将抵御，受伤后回官邸疗养。覃启处送躺在床上，心里很忧虑，他感到自己年老体弱，儿子不争气，无人继位。这天，他的女儿覃瑛来到他的床前，他心中一亮：女儿是个足智多谋、勇敢果断的人，可以委以重任，领兵守城。不久覃启处送去世，官兵又来讨伐唐崖司。覃瑛和兵将、侍女一百多人，带着家产往西撤到柳城街，在那里选了一座山安营扎寨。这座山，顶上平坦宽阔，三面都是万丈悬崖，只有一面有一条路进出。覃瑛就在上面囤积粮草，操练军队，立志要重整旗鼓，复兴父亲的基业。这座山寨就取名女儿寨。

驻扎在蜀东的武德将军孙旺率兵攻打女儿寨。覃瑛据险把守，孙旺好几次都被打败。孙旺命士兵砍了几棵大泡桐树，挖空做成炮筒，找铁匠打了许多铁箍箍住，装上火药，点上引线，朝女儿寨开炮。不料土炮怎么也轰不了女儿寨，只是把寨边的一道山梁炸了一个缺口。这个缺口，后来就叫"炮缺"。射过去的碎铁块，落在女儿寨前面的山岭上，这岭后来就叫"砂子岭"。"炮打女儿寨，子落砂子岭"至今还在当地流传。

孙旺一计不成，又想出一计：把覃瑛骗下山来再捉住她。这天，他站在女儿寨对面山上喊话，说要和覃瑛讲和。覃瑛识破孙旺的阴谋，趁谈话之际一箭射中孙旺的咽喉。朝廷不肯善罢甘休，很快又派了许多兵马，把女儿寨团团围住，要把覃瑛困死。覃瑛宁可饿死，也不投降。不久，寨子里粮草吃光了，他们就把马匹杀了充饥。马吃完了，就剐树皮、挖草根填肚子。后来，什么吃的也没有了，士兵饿死了很多。覃瑛心里很难过，觉得这样死守下去不是办法。她吩咐下属，把金银细软收拾妥当，又让每人带上一把雨伞，乘夜来到万丈悬崖边。她说："官兵想把我们困死在这里，我们一定要死里逃生，卷土重来。"她打开雨伞，双手抓住，回头又说："都照我的样子做。跟上！"说罢，纵身跳下悬崖。随从下属紧紧相随，像鱼群下滩，似百花飘落，纷纷落到了崖底。说来也怪，一百多人全都平平稳稳着地，没有一个受伤。他们连夜赶路，奔往四川。相传覃瑛后来在石柱县扎下根来，现在那里还有她的子孙呢。

后人在这座山的山腰拾得金制饰品8件套，有六虎金镯、金手链、葫芦坠金耳环、半球式金耳环等饰品，而这件六虎金镯是其中最具代表性的一件。

2. 齿轮形金手镯

齿轮形金手镯出土于咸丰县大路坝女儿寨,现藏于咸丰县民族博物馆,国家二级文物。其为纯金锻制,外径8厘米,厚0.45厘米,重44.79克。

齿轮形金手镯

3. 半球式金耳环

半球式金耳环出土于咸丰县大路坝女儿寨,现藏于咸丰县民族博物馆,国家二级文物。该耳环为形制相同的两只,纯金锻造,呈半球圆形,直径均为4.51厘米,重16.93克。耳环中心有穿孔,上部耳针缺失,整器造型素净简洁。

半球式金耳环覆面

半球式金耳环仰面

4. 葫芦坠金耳环

葫芦坠金耳环出土于咸丰县大路坝女儿寨，现藏于咸丰县民族博物馆，国家二级文物。

该耳环为纯金锻制,通高3.85厘米,通宽3.21厘米,重3.71克,葫芦式吊坠,造型古朴大方,寓意吉祥。

葫芦坠金耳环

葫芦坠金耳环局部

5. 金手链

金手链出土于咸丰县大路坝女儿寨，现藏于咸丰县民族博物馆，国家二级文物。该手链为纯金锻制，通长 10.18 厘米，通宽 1.55 厘米，重 4.51 克，大部残缺，手链造型简洁大方。

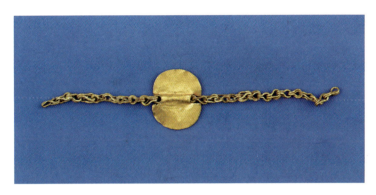

金手链（残）

6. 镂空金茶匙

镂空金茶匙于 2013 年出土于唐崖土司城址衙署区，应为唐崖土司家族饮茶所用器物。现藏于咸丰县民族博物馆，该茶匙为纯金锻制，全长 15.56 厘米，重 0.5 克，匙柄前端为圆柱形，曲弧有度，后逐渐变为扁平型，匙头为镂空圆形，整体器型小巧，简朴大方。

镂空金茶匙

茶兴于唐，盛于宋。茶匙在唐代叫做茶则，用来搅和茶汤之用；宋代发展为竹须状的"茶筅"，便于击拂茶汤；到了明代，散茶开始流行，品饮方式为之一变，茶匙主要用于撩取花茶或香茶中的果物。如明代高濂在其《遵生八笺·饮馔服食笺上·茶泉类·论茶品·茶具十六器》中提到："撩云，竹茶匙也，用以取果。"同样用处可见吴承恩《西游记》第二十六回"只见一个小童拿了四把茶匙，方去寻盅取果看茶"，第六十四回"又有两个黄衣女童，捧一个红漆丹盘，盘内有六个细磁茶盂，盂内设几品异果，横担着匙儿，提一把白铁嵌黄铜的茶壶，壶内香茶喷鼻"。可见，明代饮香茶或花茶，茶具是一套一套配好的，茶匙便是其中一项配置。

镂空金茶匙匙头

7. 锡虎项圈

锡虎项圈出土于咸丰县高乐山镇小模村白家坝组，现藏于咸丰县民族博物馆，国家三级文物。该项圈为锡合金质地，残件。残段重128.31克，其上铸有四只形制相同的老虎。老虎四肢低伏，张口卷尾，虎身纹路清晰可辨，造型灵动自然，富有浓郁的生活气息。

锡虎项圈(残)

8. 银包铜纽形发簪

银包铜纽形发簪于 2014 年出土于咸丰县高乐山镇小模村白家坝组,现藏于咸丰县民族博物馆,国家三级文物。发簪为一套两件,单件长 12.47 厘米,通宽 4.01 厘米,重 22.72 克。

银包铜纽形发簪

9. 兽面纹银头饰

兽面纹银头饰于 2014 年出土于咸丰县高乐山镇小模村白家坝组，现藏于咸丰县民族博物馆，国家三级文物。该头饰为不规整圆形，长 4.13 厘米，宽 3.92 厘米，重 6.16 克。

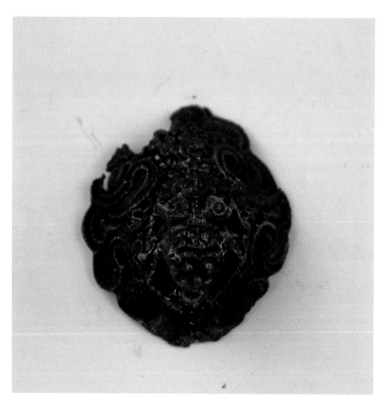

兽面纹银头饰

10. 葫芦形银耳坠

葫芦形银耳坠于 2014 年出土于咸丰县高乐山镇小模村白家坝组，现藏于咸丰县民族博物馆，国家三级文物。该耳坠长 5.14 厘米，宽 1.66 厘米，重 5.19 克，局部残。

葫芦形银耳坠（残）

11. 牡丹纹银头饰

牡丹纹银头饰于 2014 年出土于咸丰县高乐山镇小模村白家坝组，现藏于咸丰县民族博物馆，国家三级文物。该头饰长 8.69 厘米，宽 3.89 厘米，重 3.53 克，残件。

牡丹纹银头饰（残）

12. 龙头形银耳勺

龙头形银耳勺于 2014 年出土于咸丰县高乐山镇小模村白家坝组，现藏于咸丰县民族博物馆，国家三级文物。该银耳勺长 9.58 厘米，宽 0.58 厘米，重 9.93 克。

龙头形银耳勺

13. 铜箭镞

弓箭是我国古代重要的远射兵器，广泛应用于战场。箭是搭在弓上发射的武器，由箭镞、箭杆和箭羽组成。箭镞又称箭头，安在箭杆的前端，锋刃锐利，具有杀伤力。《后汉书·西域传》曰："（西夜国）地生白草，有毒，国人煎以为药，傅箭镞，所中即死。"汉代贾谊《过秦论》："秦无亡矢遗镞之费，而天下诸侯已困矣。"

铜箭镞于 2014 年采集于咸丰县黄金洞乡兴隆坳村大悔寨，现藏于咸丰县民族博物馆，国家三级文物。此箭镞为铜质，呈三角形，通长 4.88 厘米，宽 1.44 厘米，重 4.52 克。

铜箭镞

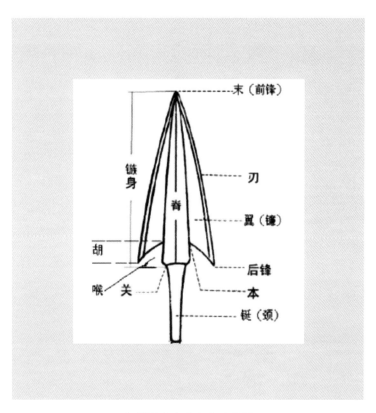

铜箭镞各部分名称示意图

镞,指箭头;末,指箭头的末端,亦可称前锋;刃,由镞的末到后锋间的外边缘;翼,脊的左右两侧部分,亦可称为镰;后锋,两翼的最末端;本,翼和脊交接的地方;喉,翼与脊之间的空隙;胡,两翼下端长出与脊相交的部分;关,脊与铤交界处;脊,镞身中间凸起的部分,亦可称为赢;铤,关以下部分的圆棍,也可称为颈。

14. 永宁卫前千户所百户印

永宁,唐朝时属于兰州,宋朝时属于泸州江安、合江两县境。元置永宁路,管辖筠连州及腾川县,后改为永宁宣抚司。明洪武四年(1371)平蜀,永宁归附,置永宁卫。明崇祯二年(1629),明王朝在今叙永县东城设置叙永军粮厅,属四川省叙州府;同时在今叙永县西城继续保留地方军区性质的永宁卫,属贵州省,军粮厅和永宁卫同在叙永县区域。

永宁卫前千户所百户印于1986年4月16日出土于唐崖土司城址衙署区官言堂遗址,为当地村民邓永前发现,现藏于恩施州博物馆,国家二级文物。该印为铜质,通高8厘米;印面为正方形,边长宽7.2厘米;印纽为梯形,钮长6.5厘米,上宽2.9厘米、下宽3.6厘米,上厚1.0厘米、下厚1.3厘米,上有阳文篆书"永宁卫前千户所百户印",左边阴刻楷书"礼部造""洪武五年十一月□日"。

永宁卫前千户所百户印印面(杨华宁 摄)

永宁卫前千户所百户印背面(杨华宁 摄)

该印为永宁卫设立时(明洪武五年(1372))明廷所颁。后永宁宣抚使奢崇明叛乱,唐崖土司覃鼎缴获该印。该印是唐崖土司卓越战功的重要见证。

15. 唐崖长官司秦关克印

唐崖长官司秦关克印现藏于咸丰县民族博物馆。1975年8月，该印出土于西坪蛮夷长官司遗址（今咸丰县活龙坪乡医院）。唐崖长官司秦关克印为铜质，长方形，通高9.4厘米，印面长10厘米，宽4.3厘米，厚0.7厘米，钮长8.1厘米，印面阳文镌刻"唐崖长官司秦关克印"，印章和柄中部断裂。

唐崖长官司秦关克印印面

唐崖长官司秦关克印印文

唐崖长官司秦关克印侧面

唐崖长官司秦关克印背面

西坪蛮夷长官司建于明洪武七年（1374），为唐崖长官司所辖，秦氏世袭，共历十一任土司，清雍正十三年（1735）改土归流。其遗址在今咸丰县活龙坪乡，海拔901米，遗址坐落于鸡公山山梁尾端，坐西朝东，总面积6000余平方米。

16. 铁箭镞

铁箭镞出现于战国时期，至汉代发展到高峰并确立了主导地位。相比铜箭镞，铁箭镞更锋利，杀伤力更强。箭镞在用材上主要有石质、铜质、铁质、合金质等材质。箭镞有多种不同的形制，如圆锥形、双翼形、三翼形、棱形、锤形、方菱形等。

此铁箭镞于1963年3月出土于咸丰县黄金洞乡兴隆坳村大悔寨，原藏于咸丰县文物管理所，2014年入藏咸丰县民族博物馆，国家三级文物。箭镞呈菱形，铁质，通长10.5厘米，通宽2.51厘米，重28.1克。

菱形铁箭镞

据考，大悔寨为明时金峒覃姓土司辖域。明隆庆四年（1570）正月，土舍（土司的属官）覃壁杀兄夺位，反叛朝廷，卫所出兵镇压，屯兵国公寨，覃壁挟印退走大悔寨。覃壁在山上扎寨，凭借险要地势抗卫所（大田军民千户所）之兵。隆庆五年（1571）施州卫大田千户所追兵设计引诱覃壁下山，将其擒获。覃壁兵败，认罪悔罪，因而朝廷只是削其爵而未深究，大悔寨也因此得名。

1959年2月，当地一位农民在寨内卡门挖掘出一枚铜质篆刻的有柄铜印"金峒安抚司印"，其边长7.5厘米、重1.2千克，背刻"礼部造""永乐五年四月□日"；另有银质印版盒一块，盒底阴刻"监造合目知印长官覃胜廉冠带大头目覃亮工作林凤朝造"。此枚铁箭镞的出土，是对当时明廷派兵镇压金峒土司这段史实的进一步印证。

17. 青花"寿"字纹盘

明代瓷器上的款识以书写为主，官窑款工整端庄，民窑款则随意洒脱。民窑款有年号、干支、吉语、堂名和花押款等款识，其中，尤以吉语款为多。

青花"寿"字纹盘于2013年出土于唐崖土司城址，为唐崖土家族所用生活器物，现藏于咸丰县民族博物馆。该瓷盘为修复件，口径14.41厘米，足径7.32厘米，高3.50厘米，盘内饰青花"寿"字纹，笔法随意洒脱，周围绘有草叶纹样，属于典型的民窑青花瓷器。

青花"寿"字纹盘

18. 青花百寿纹碗

青花百寿纹碗于2013年出土于唐崖土司城址，修复件现藏于咸丰县民族博物馆。瓷碗侈口,尖唇,斜腹略外弧,小矮圈足,口沿及圈足饰多道青花弦纹,内壁同样饰多周青花弦纹,外壁满饰"寿"字纹。

青花百寿纹碗

19. 金凤献瑞石雕

在中华文化中,凤凰为神鸟,据说它能与天地同寿,是祥瑞的化身,人们常把它拿来与龙并列。古代皇帝都以真龙天子自居,而凤凰则成为后妃的象征。

金凤献瑞石雕于 2013 年 11 月出土于唐崖土司城址衙署区内宅,现藏于咸丰县民族博物馆,国家二级文物。石雕通高 1.4 米,砂岩质,分为基座和主体两部分,石雕头部残损,整体保存较为完整。

金凤献瑞石雕

金凤献瑞石雕局部（爪子）

石雕基座四周饰精美"如意"云纹，石雕主体"金凤"为站立状，左腿直立，右腿弯曲，右爪呈抓握"树桩"状，刚劲有力；"金凤"躯体丰盈挺拔，背部羽毛长短交错，层次分明；"金凤"头部残损，颈部口衔"如意灵芝"状。另外，石雕"金凤"右侧雕饰有"树桩"状构件，结合树桩造型与"凤凰非梧桐不栖"的说法，推断其为"梧桐"树桩造型。整座石雕造型大气，雕工精致，透射出尊贵的王者气势。

在中国古代神话传说中，梧桐为百树之王，是能够知时知令的灵树，作为百鸟之王的凤凰身怀宇宙，非梧桐不栖。古籍《闻见录》中有"梧桐百鸟不敢栖，止避凤凰也"一说。灵芝是百草之王，其表面有一轮轮云状环纹，被称为瑞征或庆云，是吉祥的象征，后演变成如意。灵芝造型内涵丰富、寓意吉祥，常见于古代饰品中。

金凤献瑞石雕局部（如意灵芝）

元、明、清时期,西南地区均实行土司制度,大小土司林立,这些土司集军权、神权为一体。唐崖土司是当时鄂西南著名土司之一,《明实录》就有"明季唐崖最倔强"的说法。金凤献瑞石雕出土地点就在唐崖土司城址衙署区内宅,而内宅就是唐崖土司和土司夫人生活的地方。据相关文献记载,唐崖十二世土司覃鼎的夫人田氏也曾经掌印做过三年土司。由此可见,金凤献瑞石雕将凤凰、灵芝、梧桐"三王"并立,体现出唐崖土司作为一方统治者的身份和权力。从这尊石雕丰富的文化内涵可以看出,中原汉文化对唐崖土司的强大影响。

20. 如意连锁纹雕花石缸

在古代,石缸是人们家中庭院里不可或缺的器物,其功能最初主要是用于蓄水,以便人畜饮用和防火,随着时代的发展,石缸被赋予了装饰性和观赏性的功能。除了蓄水防火之外,还可养鱼、养花,陶冶情操。另外,水在民间有"财"之说,故石缸装满水有招财之意。石缸按其形制可分为圆形、长方形、正方形、扇形、杯形、六角形、椭圆形、莲花型等,造型古朴浑厚,具有较高的艺术价值,成为传承历史文化的载体。

如意连锁纹雕花石缸

如意连锁纹雕花石缸纹样拓片（正面）

如意连锁纹雕花石缸于2013年出土于唐崖土司城址衙署区内宅，现藏于咸丰县民族博物馆，国家三级文物。石缸为长方体，砂岩雕凿，底长77厘米，宽50厘米，口沿长92厘米，宽65厘米，高59厘米。石缸局部缺损，拼接痕迹明显。石缸内部无雕花，可见粗细不一的凿痕，外壁四面均有雕花。石缸正面雕饰如意连锁纹。

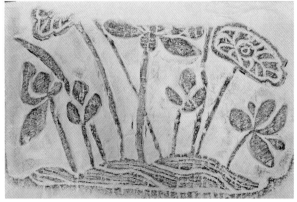

如意纹雕花石缸纹样拓片（侧面）

石缸背面口部缺损，局部纹样可见，一盘绕飞龙，正张牙舞爪，穿梭于云雾之间。龙身局部麟纹清晰可辨，周围雕饰有祥云纹样，庄重大气。石缸两侧均雕饰"莲池荷花"纹饰。图案中，可见莲叶、莲花、莲苞、莲蓬、莲藕、水波等纹样，雕工精美，形象逼真，极具艺术审美价值。

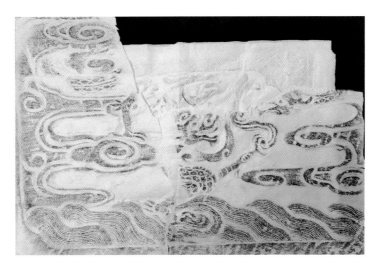

如意纹雕花石缸纹样拓片（背面）

21. 凤穿牡丹纹雕花石缸

凤穿牡丹纹雕花石缸于2013年出土于唐崖土司城址衙署区内宅，为唐崖土司家族所用生活器物，现藏于咸丰县民族博物馆，国家二级文物。石缸为长方体，高59.5厘米，底长76厘米，宽53厘米，口沿长93厘米，宽62厘米。石缸四壁雕刻精美。正面雕"凤穿牡丹"图案，牡丹采用缠枝纹样造型，缠绕呈拱门形状，一只凤凰羽翎舒展，漫步其间，踮足曲颈，引吭高歌，图案雍容华丽，雕刻手法为浅浮雕。石缸内部可见粗细不一的凿痕，无雕花。

凤穿牡丹纹雕花石缸

凤穿牡丹纹雕花石缸正面纹样拓片

凤穿牡丹纹雕花石缸背面纹样拓片

凤穿牡丹是传统吉祥图案。牡丹为花中之王,象征荣华富贵。凤与牡丹相戏,寓意富贵常在,祥瑞美好,也象征夫妻恩爱和睦、白头到老。

凤穿牡丹纹雕花石缸侧面纹样拓片(一)

凤穿牡丹纹雕花石缸侧面纹样拓片（二）

22. 喜上梅梢纹圆形雕花石缸

喜上梅梢纹圆形雕花石缸于 2013 年出土于唐崖土司城址衙署区内宅，现藏于咸丰县民族博物馆，国家二级文物。石缸呈圆形，高 37 厘米，底径 36 厘米，口径 35 厘米。

喜上梅梢纹圆形雕花石缸

喜上梅梢纹圆形雕花石缸外壁雕有四幅精美的动植物纹样。正面雕梅花、兰草、飞鸟纹，梅花星星点点，含苞待放，一只喜鹊在枝头嬉戏，甚是喜人。

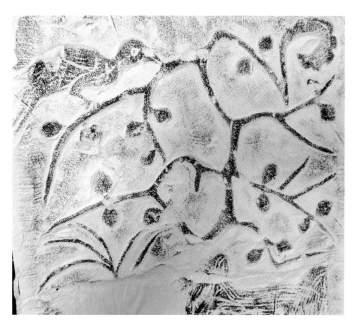

喜上梅梢纹圆形雕花石缸局部纹样拓片

第二幅"一鹭连科"。一只水鸭蹲坐于莲蓬之下，扭头远眺。

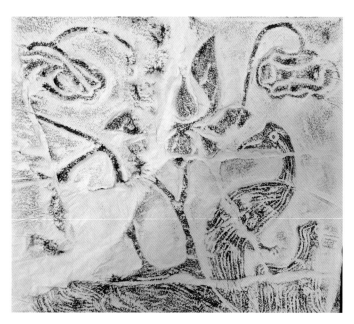

喜上梅梢纹圆形雕花石缸局部纹样拓片"一鹭连科"

第三幅"飞雁祥云"。一只大雁在朵朵祥云中展翅飞翔。

喜上梅梢纹圆形雕花石缸局部纹样拓片(飞雁祥云)

第四幅"阳雀催春"。一只蜂鸟正伸喙采蜜,一只阳雀鸟立于花下高歌,形象生动,极富生气。

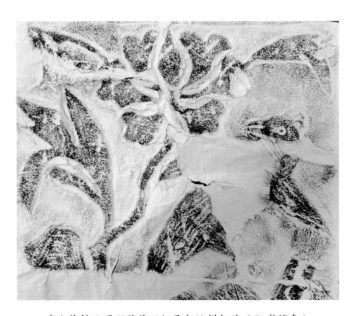

喜上梅梢纹圆形雕花石缸局部纹样拓片(阳雀催春)

喜上梅梢纹圆形雕花石缸采用浅浮雕手法，纹样素材取自大自然四季景物，极富生活情趣。

23. 荷鸟纹雕花石缸

荷鸟纹雕花石缸于 2013 年出土于唐崖土司城址衙署内宅，现藏于咸丰县民族博物馆，国家三级文物。石缸呈长方"斗"形，上宽下窄，高 35 厘米，底长 44 厘米，底宽 32 厘米，上口沿长 54.5 厘米，上口沿宽 43.5 厘米，口沿局部缺损。

荷鸟纹雕花石缸外壁四面均有雕花。石缸正面雕荷鸟纹，一只水鸟立于盛开的荷花之上，羽翅收拢，扭头侧望，头顶雕饰有象征天空的云纹，两侧各有着一朵莲蓬，另点缀有盛开的小花，下部雕饰有水波纹。石缸背面和两侧均雕饰莲荷纹样，造型手法融写实与抽象于一体，极富生活情趣。

荷鸟纹雕花石缸

荷鸟纹雕花石缸背面纹样拓片

荷鸟纹雕花石缸侧面纹样拓片

24. 叶脉纹八棱形雕花石盆

叶脉纹八棱形雕花石盆于2013年出土于唐崖土司城址衙署内宅，为明代唐崖土司所用生活器皿。现藏于咸丰县民族博物馆，国家三级文物。石盆呈外棱内圆，高25厘米，内径55厘米，各棱面均长31厘米，口沿局部缺损。石盆外壁共有八个棱面，每个形面均有叶脉纹雕花，各棱角雕饰竹节纹，雕刻手法均为浅浮雕。石盆内部圆形无雕花，可见粗细不一的斜纹凿痕。

叶脉纹八棱形雕花石盆

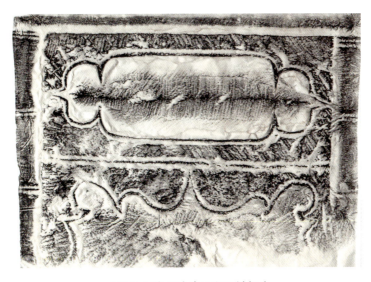

叶脉纹八棱形雕花石盆纹样拓片

25. 缠枝宝相花纹雕花石缸

缠枝宝相花纹雕花石缸于 2013 年出土于唐崖土司城址衙署内宅，为唐崖土司生活所用器物，现藏于咸丰县民族博物馆。石缸呈规整长方形。石缸长 77 厘米，宽 41 厘米，高 48 厘米，内部无雕花，有粗细不等的斜纹凿痕。石缸外壁各面均有浅浮雕，纹样丰富，底座雕饰仰、覆莲瓣纹，整体造型大气，雕饰华丽，极富艺术审美价值和文化研究价值。

缠枝宝相花纹雕花石缸

缠枝宝相花纹雕花石缸正面纹饰拓片

石缸背面浮雕双鱼、宝瓶、葫芦花等纹样。图中，双鱼分别位于宝瓶左右角，鱼嘴相对，呈跳跃状。中间有一葫芦形宝瓶，瓶内插满枝蔓随意伸展的葫芦纹；两侧壁分别有两个对等的方格，方格内雕饰有不同的植物花卉，纹样灵动，雕工精致。

缠枝宝相花纹雕花石缸背面纹饰拓片

石缸侧面浮雕葫芦花、缠枝植物等纹样，葫芦花位于中央，枝蔓随意向四周舒展，两侧饰不同的缠枝纹，纹样铺满整个缸壁，错落有致，精致美观，卷曲伸展，极富生命力。

缠枝宝相花纹雕花石缸侧面纹饰拓片（一）

缠枝宝相花纹雕花石缸侧面纹饰拓片（二）

26. 海马纹雕花石板

海马纹雕花石板出土于唐崖土司城址衙署区，为明代唐崖土司城建筑构件，现藏于咸丰县民族博物馆。雕花石板为长方形，长 108.3 厘米，宽 46.5 厘米，厚 9.4 厘米，保存完整。石板正面浮雕海马纹，海马昂首奋蹄，两膊火焰上飘，腾跃于起伏不断的水波纹之上，造型飘逸灵动、栩栩如生。海马周围雕饰有水草状植物纹样，生机勃勃、柔美自然，衬托海马形象更具神异色彩。

海马纹雕花石板

海马纹雕花石板局部纹样拓片

海马纹是从古代帝王仪仗旗帜上的白马纹移植而来。白马，又称玉马，《元史·舆服二》记述："玉马旗，赤质，青火焰脚，绘白马，两膊有火焰。""海马纹"就是两膊有火焰的白马，加上起伏翻涌的波浪构成。海马纹多用于瓷器装饰，起源于唐三彩，在铜镜上也出现过。元代时海马纹开始普及，明清时期得到了更广泛的发展和使用，清代九品武职官员的官服绣的就是海马纹。

27. 缠枝莲花纹复合式柱础

缠枝莲花纹复合式柱础出土于唐崖土司城址衙署区，为明代唐崖土司城建筑构件，现藏于咸丰县民族博物馆。该柱础为形制相同的两只，较为精致，共有四层：底座为方形；第二层为八角形；第三层为覆盆式，其上浮雕缠枝莲花一周；最上层为石鼓形，浮雕有两周小乳钉纹，两周之间有两道凹弦纹。柱础底部边长42厘米，顶部直径26厘米，底座、中间层和最上层分别高11.5厘米、4厘米、10.5厘米，底座槽宽6.5厘米，长6.6厘米。

缠枝莲花纹复合式柱础

缠枝莲花纹复合式柱础纹样拓片

28. 缠枝纹陶瓦当

缠枝纹陶瓦当于 2014 年出土于唐崖土司城址衙署区官言堂，现藏于咸丰县民族博物馆。瓦当直径 12.7 厘米，重 1.35 千克，瓦当正面铸有缠枝莲花纹样。

缠枝纹陶瓦当正面

缠枝纹陶瓦当侧面

缠枝纹陶瓦当纹样拓片

29. 陶奔马瓦饰

陶奔马瓦饰于2013年出土于唐崖土司城址衙署区，现藏于咸丰县民族博物馆。该构件通长8厘米，通宽4.3厘米，厚6.5厘米，重1.06千克，器身残缺，为唐崖土司衙署建筑所用脊饰。

陶奔马瓦饰（残件）

陶奔马瓦饰残件呈扬腿飞奔状，造型与中央官式建筑脊饰中的飞马形态有异，颇具个性色彩。唐崖土司覃氏在明代屡立战功，因此很重视战马，这种个性突出的瓦饰或许与此有关。唐崖土司城址内以战马为饰的雕刻随处可见。

30. 陶龙首脊兽

陶龙首脊兽于2013年出土于唐崖土司城址衙署区，现藏于咸丰县民族博物馆。该构件通长11.15厘米，通宽19厘米，厚4.5厘米，重2.72千克，器身残缺。

陶龙首脊兽（残件）

31. 石兽头

石兽头于 2013 年出土于唐崖土司城址，现藏于咸丰县民族博物馆。该构件通长 3.5 厘米，通宽 2.8 厘米，厚 3.3 厘米，重 0.64 千克。

石兽头

32. 陶雕花滴水

陶雕花滴水于2013年出土于唐崖土司城址衙署区，现藏于咸丰县民族博物馆。该构件通长7.3厘米，通宽5.5厘米，厚1.7厘米，重0.7千克，器身残缺。

陶雕花滴水（残件）

33. 卧狮石构件

卧狮石构件于2013年出土于唐崖土司城址衙署区，现藏于咸丰县民族博物馆。该构件通长9.26厘米，通宽4.86厘米，厚1.7厘米，重0.25千克，器身残缺。

卧狮石构件（残件）

34. 屋脊陶构件

屋脊陶构件于 2013 年出土于唐崖土司城址衙署区，为衙署建筑群屋脊构件，现藏于咸丰县民族博物馆。该构件通长 103 厘米，通宽 81 厘米，厚 17 厘米，器身残缺。

屋脊陶构件（残件）

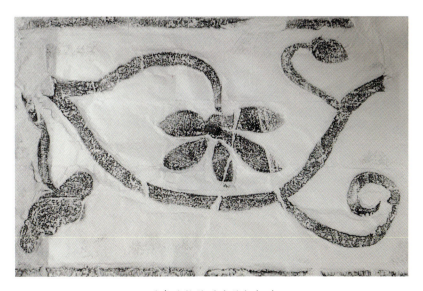

屋脊陶构件（残件）拓片

35. 田门覃氏墓志铭

墓志铭，又称"埋铭""圹铭""圹志""葬志"等，是存放于墓中载有死者传记的石刻。铭，本是"记载""镂刻"之意，它开始是刻（或铸）在铜鼎上，以后也刻在石碑、金属板等器物上，或以称功德，或引申借鉴，逐渐演变成独立的文体。墓志铭是特定历史背景下的一种文化载体。东汉末年，曹操严令禁碑，魏晋两代亦因循此令。然而世人追念亡者之情仍希望有所寄托，于是产生了埋入墓中的墓志铭。因此墓志铭是放在墓里的，墓外不可见，地面上的墓碑及碑文不能称为墓志铭。

墓志铭的前一部分是"志"，即简述死者生平；后一部分是"铭"，即用韵语概括前一部分内容，并加以褒扬和悼念之意。至北魏时，方形墓志成为定制，即为两块等大的正方形石板，上下重叠，刻铭文者在下为底，刻碑额者在上为盖。禁碑令废除后，此风仍不改，从而造成墓碑矗于地上而墓志藏于地下的格局。墓志铭流行于隋唐时期，以唐代最为兴盛，宋元以后，墓志铭数量锐减。

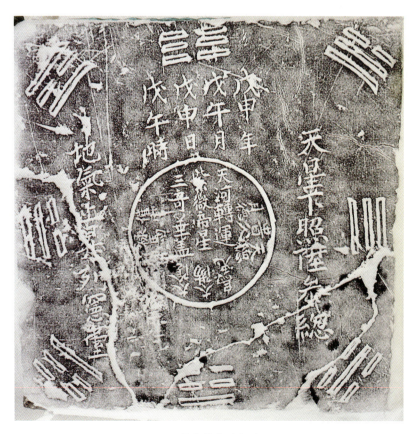

田门覃氏墓志盖拓片

田门覃氏墓志铭刻于明万历三十六年（1608），现藏于咸丰县民族博物馆。志石面为正方形，青石质，长33厘米，宽33厘米，厚5厘米，重7.70千克，志文共12列，满列，字数不等，楷书，阳刻，有线刻方界格。该墓志局部断裂，部分字迹磨损。志文载："铁券志为：大明国湖广施州卫大田军民所世爵正千户田门故恭人覃氏，五阳命，丁酉年八月二十六日辰时生于唐崖司，享寿六十九岁，大限于万历乙巳年七月初十日子时，在本衙故……孝男田阶袭爵承重孙田见龙 田起龙立。"

田门覃氏墓志拓片

由志文知，覃氏为唐崖土司之女，生于明嘉靖丁酉年（1537），逝于明万历乙巳年（1605），嫁与大田军民千户所世袭正千户田阶之父，享年69岁。

从田门覃氏墓志铭可知，明时，唐崖土司亦通过与大田千户所联姻的手段来加强关系，巩固势力，以增强自身对抗外部势力的能力。此墓志铭为研究西南少数民族地区的土司制度提供了重要的史料支撑。

36. 蒋门覃氏墓志铭

蒋门覃氏墓志铭刻于明万历三十九年（1611），现藏于咸丰县民族博物馆。志石面为正方形，青石质，长34厘米，宽34厘米，厚4.6厘米。盖题为"辛亥 辛丑 丁亥 辛亥 孝男将三善 / 策 / 畏刻"。志盖四周阴刻八卦纹。志文共14列，满列13字，楷书，阴刻。该墓志铭保存完整，部分字迹磨损。志文载："明故太宜人覃氏末自壬申年二月初三日子时，生忠路安抚司，适大田所□正千户蒋宏，幸生四子，有三续后，寿止四十，去于万历辛亥岁七月十九日子时，卜教场坝傍姑塚顶，丁□兼午山子向，选本年十二月二十二日亥时入圹，葬乘生气……聊芳世第绵绵，蚤斯瓜迭攸攸，麟祉熊熊，四兽回还，朝应八山拱顾，清奇天马，文峰旗鼓，玉带水远，升级四界，阡陌万古。券志万历 三十九年十二月二十二日立。"

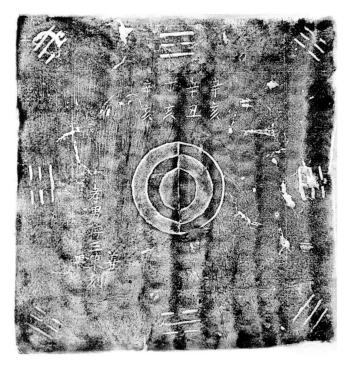

蒋门覃氏墓志盖拓片

由志文知，覃氏为明代鄂西土司忠路安抚司之女，嫁与大田千户所正千户蒋宏，生于明隆庆六年（1572），逝于明万历三十九年（1611），享年40岁。

从蒋门覃氏墓志铭可知，在明代，施州卫大田千户所官员已经普遍与周边土司联姻。大田千户所与土司之间本为节制与被节制的关系，为何逐渐走向融合？此墓志铭的出土，为研究明代大田千户所与鄂西土司的关系提供了大量的历史信息。

蒋门覃氏墓志拓片

37. 蒋门郭氏墓志铭

蒋门郭氏墓志铭刻于明万历三十六年（1608），现藏于咸丰县民族博物馆。志石面为正方形，青石质，长 30.7 厘米，宽 30.3 厘米，厚 3.8 厘米。该墓盖边角缺损，字迹清晰。盖题为"明故太宜人郭氏太之券"，志盖四周阴刻八卦纹。志文共 10 列，满列 12 字，楷书，阴刻，有线刻方界格。志文载："诰封太宜人郭氏太生于嘉靖癸卯三月十一亥时，适先君武德将军蒋公讳承祖，号龙山，生子讳宏，授前□，宜人殁于万历二十八年八月二十四午时，高原卜兆于本所教场坝祖茔之右，扦点吉地，丁龙作坤艮向，取戊申年癸亥月庚午日戊寅时安厝□。万历三十六年十月十六日 孝男武德将军蒋宏谨券。"

由志文知，郭氏为大田千户所正千户蒋承之妻，生于嘉靖二十二年（1543），逝于万历二十八年（1600），享年 58 岁。该墓志刻于万历三十六年（1608），由此可知墓主下葬时未刻墓志，此墓志为后期补刻。

蒋门郭氏墓志盖拓片

蒋门郭氏墓志拓片

38. 余世俨孙氏五墓志铭

余世俨孙氏五墓志铭刻于明天启三年（1623），现藏于咸丰县民族博物馆。志石面为正方形，青石质，长 34.70 厘米，宽 34.80 厘米，厚 5.15 厘米，重 9.72 千克，字文简洁，楷书，阴刻。该墓志盖边角缺损，字迹清晰。盖题为"巽丁脉坤山艮向"，志盖四周阴刻八卦纹。志文载："天启癸亥岁十月十六日志　明故显考余世俨 / 妣孙氏五之墓　孝男余邦贤 / 臣立。"

余世俨孙氏五墓志盖拓片

余世俨孙氏五墓志拓片

39. 张氏墓志铭

张氏墓志铭刻于明天启三年（1623），现藏于咸丰县民族博物馆。志石面呈正方形，青石质，长31厘米，宽30.9厘米，厚4厘米，楷书，阴刻，字文13列，满列字数不等。该墓志盖边角缺损，字迹模糊难辨。盖题为"显考张鹄灵墓 辛卯 辛卯 丙申 丙申 万历十九年三月十九日孝男张信义/友/明/任/贤立"，志盖四周阴刻八卦图。志文载："太极初分，乾坤□□□□后土山川主宰，今□大明国湖广施州卫大田千户所立券。孝男张□□等奉为显考张鹄阳命，辛巳年三月十八日□时生于北门，寿年六十八岁，万历十六年九月十三日卯时老故。衣棺停□前来大坝扦□吉地一穴，卜得丁未行龙癸亥时庚到头作□山卯向，其连山运开，□吉星到穴，用备钱财买到本山，东南西北八卦□□□□上青龙，下黄泉，中取正穴，安葬亡人，□□□□□□□□□星拱照龙脉真□□人保□□□□……世代荣昌水穴 明故券。"

张氏墓志盖拓片

张氏墓志拓片

由志文知，张鹄，湖广施州卫大田千户所千户，生于明正德十六年（1521），逝于万历十六年（1588），享年68岁。志文中所指出生地北门即今咸丰县城区北门沟一带。

40. 田显荣墓志铭

田显荣墓志铭刻于明天启三年（1623），现藏于咸丰县民族博物馆。志石面为正方形，青石质，长33.50厘米，宽34.70厘米，厚5.54厘米，重9.22千克，楷书，阴刻。该墓志盖右下角缺损，字迹丢失、模糊难辨。盖题为"安葬四课 丁巳 乙巳 己酉 癸酉 太阳照吉穴 紫微临艮坤 螽斯繁衍庆 文武世腰金"。志文11列，满列14字，有线刻方界格。志文载："故考田公讳显荣，号西□□□□年三月二十九日酉时弱冠，□□□氏袭授正千户，生三子，长升，次陛，□阶。升生四子，陛生二子，阶生二子。长女适冉门袭授指挥，次女适舒门袭授千户。握符十五载，华夷广服钦优，二次恬退林下□荷天恩，授怀远将军，遐龄七十有八，于万历丁巳岁□月初九日酉时告终，卜于本年四月十五日酉时，葬西北□墓，坤山艮向，吉穴为莹，谨券。孝男田阶立。"

田显荣墓志盖拓片

田显荣墓志拓片

由志文知，墓主田显荣，时为大田千户所正千户职，功升怀远将军，在位十五年，逝于明万历四十五年（1617），享年78岁。其育有三子两女，其中，长女嫁于冉姓土司，次女嫁于舒门千户官。

41. 李如春墓志铭

李如春墓志铭刻于明天启三年（1623），现藏于咸丰县民族博物馆。志石面为长方形，青石质，长33.50厘米，宽34.70厘米，厚5.54厘米，重9.22千克，楷书，阴刻，志文共14列，满列13字，有线刻方界格。该墓志盖右下角缺损，字迹丢失、模糊难辨。志石阳面边角刻有八卦纹，中央刻"明故李公□□□讳如春□ 圹记"字样，志石阴面刻志文："李公墓志铭　　□君生于所□高南，地名朱始寨，□□己亥六月十九日申时，□生二子，长曰李伟安，张氏继孙李世□，次男李□，娶王□，生三子，长世芳□□□□□二，孙女三，继男李抗娶耿氏，生□子，君殁于万历三十三年五月初□戌时，本宅告终，卜照于本宅之右，庚□□□作

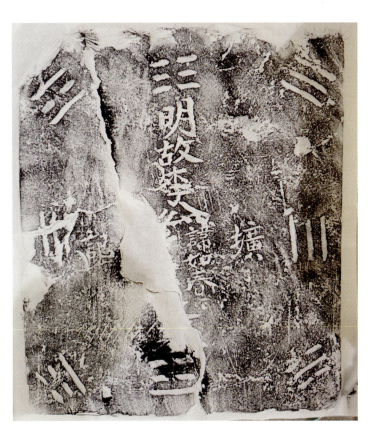

李如春墓志盖拓片

□山,艮向取乙巳年壬午月□□□日壬申时安厝□□为茔,推□地钟□□脉运祯祥,子孙昌盛,福寿□长,荣□富贵,百世流芳□万历三十三年五月十□日 孝男李□(抗)立□□□。"

李如春墓志拓片

42. 石权

石权(石衡器),俗称"石秤砣",亦称天平器,因其形如官印,又谐音"实权"。石权按材质可分为铜制、铁制和石制。石制石权有圆柱形、圆球形、方柱形、长方柱形、四方方斗形、四方圆斗形等,还有动物或生活物件形,惟妙惟肖、栩栩如生。

明代石权,出土于唐崖土司城址上街,现藏于咸丰县民族博物馆。石权体量偏小,下大上小,呈梨形,土黄色,石灰岩质地。该石权长 6.4 厘米,宽 4 厘米,素面无雕饰,孔端有长期被线形物吊坠摩擦留下的痕迹。整枚石权外表粗糙,蕴含着历史沧桑。

明代石权

古代衙门,喜于把石秤砣悬挂于大堂之上以示"公平正义",有"容"和"量"的含义。现今的自由市场习惯在显眼位置放置一台公平秤,以此彰显市场公平交易诚信经营理念。如今的司法机构使用的"天平"徽标的内涵与古代石权的内涵基本一致。

第十章 清

文物里的世遗唐崖

1. 周唐崖长官司铜印

"周唐崖长官司铜印"出土于唐崖土司城址衙署区官言堂，是唐崖土司投降吴周政权时，吴三桂所颁发的印章，现藏于恩施州博物馆，国家二级文物。印章为铜质方形，印面边长6.9厘米，厚1.2厘米，柄长8.2厘米，重675克。印面阳文篆书"唐崖长官司印"六字，印背面右边阴刻行书"唐崖长官司印"，上方刻"礼曹造"，左边刻"周元年十二月"，印的左侧边缘阴刻行书字"□□第三百四十四号"，钮为扁圆形，背面平整，印文面略凸突。

据考证，唐崖土司于康熙三年（1664）归顺于清，康熙十三年（1674），又归顺于反清的吴三桂吴周政权。唐崖《覃氏族谱》记载："吴逆作叛，勒逼各土司缴换印信，扔给宣慰伪印一颗。"该印的发放年代为清康熙十三年（1674），因此该印的出土对于修正唐崖《覃氏族谱》具有重要实物印证价值。按照唐崖《覃氏族谱》中"缴伪印随差官"的记载以及当时清廷的规定，该印应上缴，但为何出土于唐崖土司城址，令人费解，尚需进行深入研究。

周唐崖长官司铜印正面

周唐崖长官司铜印拓文

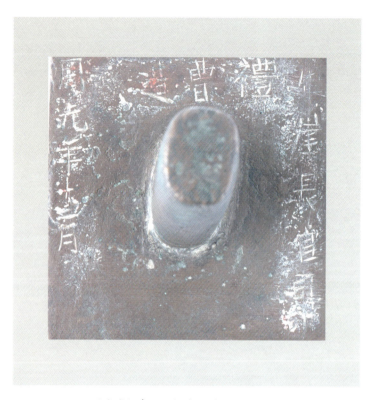

周唐崖长官司铜印背面（杨华宁 摄）

2. 清唐崖长官司铜印

清唐崖长官司铜印出土于唐崖土司城址衙署区官言堂，为清廷所颁，现藏于恩施州博物馆，国家二级文物。印为铜质方形，重1100克，印面边长7.1厘米，厚1.8厘米，柄长7.5厘米。印面阳文篆书"唐崖长官司印"六字，背面无文字。

据民国版《咸丰县志》引《大清会典》载："唐崖为长官司，缘康熙三年始归顺。十三年，吴三桂据云南，唐崖属焉，至十九年归顺。后谭宏据四川，又附焉；次年归顺，故降职。"按照唐崖《覃氏族谱》"蔡给示招安奉委通叛，熊继申取缴伪印，随差官同委员缴均前。后蒙颁给长官印信一颗到司"的记载，该印应为康熙年间清政府颁给唐崖土司的印信。

清唐崖长官司铜印正面

3."大清光绪时宪书"铭银抓周盘

抓周，又称"试儿""试周"，是我国一种古老的习俗，即在婴儿周岁礼上举行的一种仪式，以预测其前途或性情。早在南北朝时期就已流传于江南民间，但到了清代才有"抓周"和"试周"之说。

"大清光绪时宪书"铭银抓周盘原藏于咸丰县文物管理所，2014年入藏咸丰县民族博物馆。其为圆形，纯银质地，直径4.12厘米，厚0.49厘米，重8.6克。内盘中心铸有铺首护心宝镜，四周铸有算盘、大清光绪时宪书、直尺、剪刀（缺失）、"保"字戥子图案，背面为镂空筛状造型，工艺精湛，纹饰精美。

抓周盘一般只有婴幼儿的手掌大小，其使用方法是：周岁婴童坐于桌面，用红绸蒙住双眼，外婆郑重地将抓周盘放到桌上，此时婴童母亲将婴童的小手引近，大家屏息凝神，看婴童中指最先接触到什么。对此有相应的祝福语：触到圆镜，说"明镜高悬主公道"；触到剪刀，便说"心灵手巧手艺精"；触到通书，则说"知书达理中状元"；触到盘秤，道贺"知轻识重有分量"；触到尺子，便是"知长知短守分寸"；触到算盘，赞其"精打细算发大财"。更为有趣的是，

"大清光绪时宪书"铭银抓周盘

"大清光绪时宪书"铭银抓周盘背面

抓周盘还有阴阳之分：公盘用于男孩，圆镜为凸镜，算盘位于上方；阴盘用于女孩，圆镜为凹镜，算盘位于下方。算盘位于上方，意为长大后管理"商海"之上的"大财"；位于下方，意为女孩长大了即使操持算盘也只能打理家中厨下的"小财"，颇具重男轻女的封建时代烙印。

4. 佛法僧宝铜印

佛法僧宝铜印原藏于咸丰县文物管理所，2014年移藏于咸丰县民族博物馆。这枚印章面为铜质正方形，边长5.88厘米，背面有长柄，柄长7.49厘米，重0.17千克，正面印文篆刻"佛法僧宝"四字，字体竖排，可见红色印泥痕迹，背面有佛教特有的纹样符号。

佛法僧宝铜印正面

据考证，"佛法僧宝"是指佛教的佛宝、僧宝、法宝三宝，是佛教的教法和证法的核心。其中，佛宝是指释迦牟尼佛；僧宝是指在佛的指引下，修行引领众生传承佛法的僧众；法宝是指佛的教义以及一切佛经。"佛法僧宝"印章主要用途有两个方面：一是盖于佛教徒做法事时所用的帖子榜单上，以彰显佛法的庄严；二是具有驱邪降魔、祈福安详的作用。"佛法僧宝"印章从古至今一直都有流传。

佛法僧宝铜印背面

5. "山鬼雷风"铭八卦纹铜厌胜钱

厌胜钱，又称压胜钱或押胜钱。厌胜钱不是流通币，是民间当作吉利品或避邪物的一种古钱币，为小孩子佩带的饰物。因大多数有花纹图案、可供赏玩，故民间俗称为"花钱""玩钱"。厌胜钱上面的图案有些反映了古代民俗，故有学者将之称作"民俗钱"。"厌胜"亦称"压胜"，意为用诅咒制服人物鬼怪。钱以"厌胜"命名，是因古人笃信钱币可以通神役鬼。厌胜钱历代官方与民间均有铸造，主要为民间私铸。

"山鬼雷风"铭八卦纹铜厌胜钱原藏于咸丰县文物管理所，2014年移藏咸丰县民族博物馆。其直径4.89厘米，厚0.25厘米，重28.51克。铜币正面刻"雷霆杀鬼降精 斩妖辟邪 永保神清 奉太上老君急如律令敕"字样，背面刻"乾坤艮兑坎离巽震"八卦字样，钱币中间为一圆形小孔。

"山鬼雷风"铭八卦纹铜厌胜钱正面

"山鬼雷风"铭八卦纹铜厌胜钱背面

从传世实物和典籍记载看，中国古代的厌胜钱是一个品类繁多的"大家族"，从赞颂吉祥的"祝寿钱""洗儿钱""撒帐钱"，到厌魅解厄的"辟兵钱""神咒钱""八宝钱"；从祈嗣求子的"男钱""女钱""秘戏钱"，到嬉戏娱乐的"棋钱""马钱""灯谜钱"……几乎遍及社会生活的各个领域。埋藏在护珠塔砖下的，则属于"镇宅钱"一类。

厌胜钱虽不是通用货币，却有较高的文物价值，其图案内容丰富多彩，涉及历史、地理、宗教、神话、风俗、民情、文化、娱乐等各个方面，因此厌胜钱对考察各朝代的政治、民俗、文化都具有极高的价值。

6. 镂雕仕女图牙牌

明清时期，有一种用于出入宫廷的象牙雕腰牌在臣吏中颇为盛行。后来，这种常佩挂于腰间的牙牌甚至引起了文人雅士们的广泛兴趣，他们纷纷约请能工巧匠按照自我的喜好和情趣制作各类花鸟祥兽和山水人物图案的象牙牌，佩挂于腰间，作为装饰物或赏玩品，其技法与竹木雕刻大体相同。

镂雕仕女图牙牌原藏于咸丰县文物管理所，2014年移藏咸丰县民族博物馆。该牙牌为长方形，长9.20厘米，宽5.85厘米，重9.79克。牙牌正面为镂雕窗格花纹，中央彩绘"仕女图"，图中两位女子，面容姣好，身穿彩裳，坐立于一艘小船之上。其中，一女立于船尾，头戴纱帽，耳垂吊坠，双手划桨，身体略倾；另一女头挽发髻，耳带吊坠，坐于船头，手执荷叶莲花，侧脸微笑。牙牌外圈有象牙包边，两端有金制铺首衔环，用于系绳所用。

镂雕仕女图牙牌正面

明清时期的牙牌,其形制以椭圆形和长方形居多,亦有少量随形制品,其与玉雕牌子的形制大体相同。由于牙牌均为小巧玲珑之物,故制作工艺既要讲究精巧有致,又要注重大气浑朴的文化气息。

镂雕仕女图牙牌所刻纹样虚实分明、疏密相当,仕女图案充满生机、精妙美观,极具艺术审美价值。

镂雕仕女图牙牌背面

7. 人俑墨玉油灯

中国人物形灯具最早出现于西周，在战国时期得以兴盛发展，至两汉达到巅峰。

清人俑墨玉油灯为墨玉质地，长 2.96 厘米，宽 2.61 厘米，高 4.59 厘米，重 3.35 克，现藏于咸丰县民族博物馆，国家三级文物。主体形象为一男俑，双腿下蹲，双手举过头顶，托举着油灯盘。其人物造型憨厚萌动，富有浓郁的生活气息。

人俑墨玉油灯

8. 骑马传令图玉扳指

玉扳指，又名玉韘，本意是拉弓射箭时扣弦用的一种工具，套在射手右手拇指上，以保护射手右拇指不被弓弦勒伤。玉扳指后来成为能够决断事务，有身份和能力的象征。玉扳指是清代男士流行的佩饰件，满族人入关建立清朝后，八旗子弟已较少骑射征战，但佩戴扳指仍为时尚。

骑马传令图玉扳指原藏于咸丰县文物管理所，2014 年移藏咸丰县民族博物馆，国家三级文物。该玉扳指长 3.34 厘米，宽 2.82 厘米，高 3.74 厘米，内直径 1.98 厘米，厚 1.05 厘米，重 55.66 克，扳指正面刻有一幅骑马传令图，纹样生动，刻工精致。图中，一匹骏马体型壮硕，正在奋蹄飞奔，马身跨有一人，好似清代传令兵，头戴花翎，左手执辔，右手扬"令"字旗，正在骑马飞奔。

骑马传令图玉扳指正面

骑马传令图玉扳指侧面

清乾隆年间，乾隆皇帝尤爱玉制品，故少不了各式精制的玉扳指，文武百官争相仿效，使其不再是少数人的佩戴之物。受其影响，富豪乡绅也以佩戴玉扳指为豪，清朝特有的玉扳指逐渐流行于民众之中。

9. "陈文山"铭墨石砚台

墨石,产于四川省川西地区诸山中。该石质地似玉,色黑如漆,故也称之为墨玉。宋《云林石谱》中有对墨石的描述:"西蜀诸山多产墨石,在深土中。其质如玉,色深黑,体甚轻软,土人镌治为带胯或器物,极光润。"

"陈文山"铭墨石砚台

"陈文山"铭墨石砚台于2014年采集于唐崖土司城址陈家院子,现藏于咸丰县民族博物馆。砚台长16.5厘米,宽11.5厘米,重840克,长方形,墨石质地。砚台正面上方有楷书阴刻"陈文山"字样,下方铭刻剥蚀难辨,从残留字样来看,应为楷书阴刻"宁静致远"字样,中央凿有一圆形和长方形研墨区,整体造型方中带圆、简洁大方。

10. 二仙献寿刺绣寿幛

寿幛,亦称"礼幛""贺幛",为旧时送给做寿之人,挂于厅堂正中的锦帛类礼品,颇为高雅考究,多为官绅互赠或赠送得功名者,明清兴盛此风。

二仙献寿刺绣寿幛原藏于咸丰县文物管理所,国家二级文物,2014年入藏咸丰县民族博物馆。寿幛高3米,宽1.6米,以红缎为主料,以五彩丝线及金线绣成各种文字及纹样装饰。

寿幛正中为南极寿星与麻姑。南极仙翁手持寿杖,科头露顶,广额白须,面带微笑,身披织锦寿字宽袍,一手执杖,一手捧桃,膝下小鹿口含灵芝。麻姑束发高髻,冠匝花插,右肩扛荷锄挑花篮,篮中盛有寿桃、石榴、佛手等,左手握一灵芝,眉清目秀,姿态婀娜,身旁有一只仙鹤相随。

二仙献寿刺绣寿幛

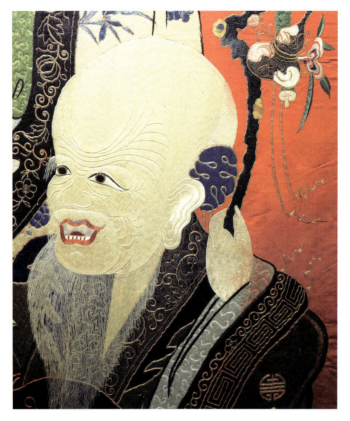

二仙献寿刺绣寿幛中人物南极寿星纹样

二仙献寿刺绣寿幛中人物麻姑纹样

寿幛周边绣有蝙蝠、缠枝葫芦、绶带鸟、麒麟等吉祥纹饰。寿幛两侧竖绣平金题记，右上题"诰授奉政大夫／涛安／仁棣／通守大人／五秩晋一／荣庆"，左下题"头品顶戴记名／简放提督／督带达字右营／如棠／唐珊峰／顿首／拜祝"，共计四十五字，文化内涵深厚。

二仙献寿刺绣寿幛局部麒麟纹样

二仙献寿刺绣寿幛局部蝙蝠纹、万寿纹、葫芦纹

二仙献寿刺绣寿幛局部梅花鹿、灵芝纹样

据考证，此寿幛绣制于清光绪年间（1891—1893），是清代从一品武职提督唐珊峰赠予文职正六品秦廷瑞的五十一岁寿礼。

涛安，原名秦廷瑞，字涛安，官名秦云龙，其祖籍为贵州安化县，清嘉庆元年（1796），其祖经商迁居咸丰县丁寨乡（今咸丰县曲江镇）。清道光、咸丰年间，秦氏一族开始人才辈出，逐渐成为当地名门望族。秦廷瑞自清同治年间始，先后担任过松潘（今四川省松潘县）同知、夔府雷波（今四川省凉山彝族自治州雷波县）通判、奉节（今重庆市奉节县）、兴文（今重庆市兴文县）、青神（今重庆市青神县）知县等职务。清光绪十七年（1891）至清光绪十九年（1893），秦廷瑞担任四川雷波厅（今四川省凉山彝族自治州雷波县）通判（通守）职，官秩正六品，其任职期间，著有《光绪雷波厅志》一书。另据《曲江秦氏家谱》记载，秦廷瑞之父秦朝品，"嘉庆初邑庠生，以子涛安公贵，诰授朝议大夫……独修野猫河桥屡中不倦，创建培英书院，重葺白崖观古刹，善举颇多，难以楮罄"。野猫河桥即今咸丰县十字路风雨凉桥，为湖北省文物保护单位，"奉政大夫"为享受朝廷正五品待遇的散官，"通守"即通判，在清代一般指任职于地方行政机构的正六品文官，肩负对地方的行政和监察职能。"五秩晋一"即指五十一岁；"仁棣"是对年龄小于自己的年轻朋友的尊称。

二仙献寿刺绣寿幛题记

唐珊峰，清同治元年（1862）任四川雷波厅总兵职衔，为武职副都统，秩从二品，曾多次剿办雷波夷匪，因其屡获战功，在清光绪十九年（1893）荣升提督职，记名简放，官秩从一品，清廷赏赐头品顶戴，督带达字右营。提督为武职从一品，任各省绿营最高主管官，但实质上仍受制于总督和巡抚。"头品顶戴"即一品顶戴，属于皇帝赏赐官员的一种象征性荣誉，无实职。"如棠"应为唐珊峰字或号。

二仙献寿刺绣寿幛运用锁针、打针、滚针、平金、盘金等多种针法，针脚细密，纹理清晰，技法精湛。同时，该寿幛构图新颖，配色华丽，具有很高的艺术审美价值，可谓清代刺绣之佳作。

11. 清麻姑献寿刺绣寿幛

麻姑，中国古代道教神话人物。据《神仙传》记载，其为女性，修道于牟州东南姑余山，东汉时应仙人王方平之召，降于蔡经家，年龄十八九岁，貌美，自谓"已见东海三次变为桑田"，故古时候以麻姑喻高寿。又流传有三月三日西王母寿辰，麻姑于绛珠河边以灵芝酿酒祝寿的故事。在中国民间，人们为女性祝寿多赠送麻姑像。

清麻姑献寿刺绣寿幛原藏于咸丰县文物管理所，2014年移藏咸丰县民族博物馆，共有两件，国家三级文物。此两件均长195厘米，宽76.3厘米，以粉缎打底。绣面麻姑身披彩衣，头挽发髻，玉手执一宝瓶，瓶内插满荷、梅，身体侧倾，似在与小鹿对话，画面极为温馨；身旁小鹿，扭头踮足，口含花束，背驮寿桃、牡丹，温顺可爱。

清麻姑献寿刺绣寿幛色彩明艳，绣工精湛，画面灵动，具有极高的艺术审美价值。

清麻姑献寿刺绣寿幛

12. "李府岳母陈太夫人七秩荣庆"刺绣寿幛

"李府岳母陈太夫人七秩荣庆"刺绣寿幛原藏于咸丰县文物管理所，2014年入藏咸丰县民族博物馆，国家三级文物。寿幛长215.5厘米，宽75厘米，以红缎为主料。绣面中央麻姑身披彩衣，黑髻高挽，玉指纤纤，肩挑一个果篮，篮内盛满蟠桃，侧身坐于麋鹿之上，另有一侍女手抚鹿脖，相伴其旁；另外，寿幛左右两侧均绣有题记，左上题"李府岳母陈太夫人七秩荣庆"字样，右下落"子堉罗照轩恭祝"字样。

"李府岳母陈太夫人七秩荣庆"刺绣寿幛

子壻，亦作"子婿"，即女儿的丈夫，女婿，出自《史记·张耳陈余列传》"……高祖从平城过赵，赵王朝夕袒韝蔽，自上食，礼甚卑，有子壻礼"。古以十年为一秩。七秩，即七十岁。白居易《思旧》："已开第七秩，饱食仍安眠。"

13. 九品文官补服

补服，又称补褂、外褂，前后各缀有一块"补子"，用于区别官职。清朝官制有九品十八级，分中央官职和地方官职两类。清朝文武官服前胸和后背上缝缀的"补子"，或称"补袍"或"补褂"，上面所绣的不同禽兽，代表官员的不同品级。文官绣禽，象征忠诚廉洁的美好品德；武官绣兽，喻以冲锋陷阵奋勇争先的勇敢之心。

一品文官补子图案是鹤，鹤在古代是珍稀禽类，因其姿容挺拔秀丽，被视为鸟中君子。且古人认为仙鹤是仙人的坐骑，其生性高洁，地位崇高。二品文官补子图案是锦鸡，锦鸡在古代寓意着吉祥，代表文、武、勇、仁、信五种道德。三品文官补子图案是孔雀，孔雀羽毛美丽，而且品性优良，代表大贤大德、吉祥富贵，是古时的瑞禽。四品文官补子图案是云雁，云雁飞行时羽毛上耸，代表着坚定和忠心。五品文官补子图案是白鹇，白鹇被人们称为"义鸟"，其行止娴雅、本性忠诚，寓意为官不急不躁、忠诚高雅。六品文官补子图案是鹭鸶，鹭鸶是一种水鸟，羽毛洁白，寓意为官廉洁守法。七品文官补子图案是鸂鶒，鸂鶒是一种水鸟，也是代表吉祥的瑞鸟，寓意为官要造福百姓。八品文官补子图案是鹌鹑，鹌鹑谐音"安"，代表安全的意思，象征"事事平安"和"安居乐业"。九品文官补子图案是练雀，练雀也叫练鹊、绶带鸟等，代表着权力和富贵。

清九品文官补服原藏于咸丰县文物管理所，2014年入藏咸丰县民族博物馆。国家三级文物。衣长112厘米，衣宽74厘米，袖宽178厘米，胸前"补子"呈正方形，对分两片，整体呈银黄色，"补子"中央绣有一只练雀，面迎旭日，呈展翅高飞之姿。练雀为祥鸟，是一种长尾飞禽，毛色洁白，两条尾羽长如飘带，在古时是常被用于祈福的象征物；"补子"周围绣有祥云、山峰、海水图案环绕着练雀。清代文官补子中的各种禽鸟均面迎旭日，寓意加官进禄、步步高升。

九品文官补服

据考证，在衣服上绣绘飞禽走兽的"补子"以区分官阶的制度，始于明洪武二十四年（1391）。"补子"作为官服上的等级标志，沿用了500多年，是封建等级制度的产物。

14. 七品顶戴

顶戴花翎，是指清朝官员头上所戴官帽，即朝冠，其帽和顶珠称"顶戴"，帽后拖一束孔雀羽毛，称"花翎"。顶戴花翎是区分官员官阶的重要标志，也是清代官服的一大特色。顶戴可分为朝冠与吉服冠两种，官帽可分为凉帽和暖帽两种。顶珠宝石为圆球形状的为吉服冠，为重要节日时所戴，顶珠呈长条尖形的为朝冠。凉帽为春、夏季佩戴，暖帽为秋、冬季佩戴。凉帽无檐，朝鲜喇叭式，一般是用藤、篾席制作，外面裹上白色或黄色绫罗，顶上有红缨、顶珠点缀。暖帽是圆形，有一圈黑色檐边，一般用皮、缎、布等制成，另外还有红色帽纬，帽子最高处同样配有顶珠。

咸丰县民族博物馆现藏有清代顶戴两顶，其中，凉帽、暖帽各一顶。凉帽高21厘米，直径32厘米，整体保存完好，主体材质为藤、篾，外裹白色绫罗，顶上有红缨，顶珠为素金，为七品官员所用。暖帽为黑色，高8.5厘米，直径19厘米，为绸缎、棉布混合质地，帽顶局部破裂，顶珠缺失。

凉帽

暖帽

顶戴顶子上顶珠宝石的颜色和材质就是区分官员大小最明显的标志。颜色上大致分为红、蓝、白、金四色，一二品为红色，三四品为蓝色，五六品为白色，七八九品为金色。一品为红宝石，二品为红起花珊瑚，三品为蓝宝石及蓝色明玻璃，四品为青金石及蓝色涅玻璃，五品为水晶及白色明玻璃，六品为砗磲及白色涅玻璃，七品为素金，八品为起花金，九品为镂花金。

由于宝石稀缺，从清雍正年间开始，三品及以下官员可用琉璃制品代替真宝石。

15. 粉彩五子戏弥勒坐像

粉彩五子戏弥勒坐像现藏于咸丰县民族博物馆，清末造，国家三级文物，长24.9厘米，厚19厘米，高26厘米。弥勒呈坐姿，光头圆顶，袒胸露腹，面容丰腴，大耳垂肩，右手执珠，左手捏袋，寿眉如弯月，善目洒慈光，隆鼻笑口，频现笑坑。五名稚童分左右下方位爬上佛身，右上蓝衣小儿左手执一朵粉莲，端坐佛肩，右下青衣小儿足蹬小红鞋，侧身仰视弥勒，左上青衣小儿正在奋力爬上佛肩，头顶一小绺头发诙谐可爱，左下红衣小儿右手执莲叶搭于弥勒胸前，脐下黄衣小儿卸衣袒胸，坐于佛膝上，侧脸微笑。

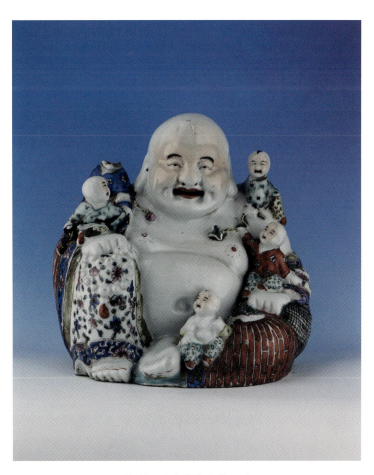

粉彩五子戏弥勒坐像正面

关于"五子戏弥勒",说法不一。普遍的说法是"五子"代表着"五福",即长寿、富贵、康宁、好德、善终。民间主要有两种传说,一说观音菩萨送给弥勒佛一个莲蓬,弥勒佛把莲蓬装进布袋,变成了代表"五福"的五个童子,分别是"长寿""富贵""康宁""好德""善终"。另一说是"五子"代表民间五种人物,即好财、好色、好名、好食、好睡五种人,他们拉拢戏弄弥勒佛,但弥勒佛心静如水,不为欲所动。

粉彩五子戏弥勒坐像背面

有关弥勒佛最经典的格言是"大肚能容,容天下难容之事;开口便笑,笑世上可笑之人"。"容"在这里是劝人对身边的人和事要采取宽容的态度,"笑"是指对世人因贪婪奢侈而自寻烦恼感到可笑,这就是佛给人们的启示。

16. 粉彩弥勒坐像

粉彩弥勒坐像现藏于咸丰县民族博物馆,清末造,高24.8厘米,长27.8厘米,厚18.5厘米。弥勒呈坐姿,光头圆顶,袒胸露腹,面容丰腴,大耳垂肩,右手执珠,左手捏袋,寿眉如弯月,善目洒慈光,隆鼻笑口,频现笑坑。

粉彩弥勒坐像正面

据说,在中国佛教中,将弥勒佛塑成大肚布袋和尚形象是根据一个传说:五代后梁时有个僧人叫布袋和尚,法名契此,号长汀子,明州奉化人。他形体宽胖,有一引人注目的大肚子,平时疯疯癫癫，言语无定，常背一布袋在街市中行走，看见谁有东西就要，并给人算命说吉凶，每每显相灵验；晚上睡在雪中而身不沾雪。后于后晋天福年间圆寂于奉化，临终之前端坐于岳林寺盘石，说道："弥勒真弥勒，分身千百亿。时时示时人，时人自不识。"后来，人们又在其他地方见到他身背布袋而行。自此，人们认为他是弥勒佛的化身，塑其形象供于寺中。

粉彩弥勒坐像背面

粉彩弥勒坐像体态硕大，色彩艳丽，瓷质细腻，釉面肥厚，造像圆润丰满、表情生动，极其传神，算得上是晚清民窑中的精品。

17. 粉彩"同治年造"折枝花卉纹胭脂盒

胭脂盒是女性用来放胭脂、香粉的盒子,是古代女性闺房必备之物。胭脂,古时又称作燕脂、焉支或燕支,据说早在商周时期便作为化妆粉被女性广泛使用。

清朝粉彩"同治年造"折枝花卉纹胭脂盒原藏于咸丰县文物管理所,2014年入藏咸丰县民族博物馆。瓷盒为圆形,高4厘米,口径7.6厘米,无盖,盒内外周身施白釉,外底中心落款"同治年造"字样,瓷盒外壁彩绘蟋蟀、蜻蜓、桃枝、牡丹等纹样,色彩艳丽,极富生活气息。

粉彩"同治年造"折枝花卉纹胭脂盒外壁彩绘纹样

粉彩"同治年造"折枝花卉纹胭脂盒外底款识

18. 瓷狮立人造像

清代瓷狮立人造像为形制相同的两只,现藏于咸丰县民族博物馆。其一通高23.8厘米,底座长9厘米,宽7.4厘米,上有雕花;其二通高24.1厘米,底座长9.6厘米,宽7.3厘米,上有雕花;两兽面相为狮子造型,龇牙咧嘴,长舌外吐,怒目圆睁,身侧有一立人,其釉彩主要为蓝釉和酱釉。

瓷狮立人造像(一)

瓷狮立人造像(二)

19. 黄地粉彩白鹤纹海棠式碗

黄地粉彩白鹤纹海棠式碗于2001年民间征集，原藏于咸丰县文物管理所，2014年入藏咸丰县民族博物馆。瓷碗平底、浅腹、敞口，碗口做成海棠叶形，口径20.03厘米，足径11.2厘米，重630克，釉色光亮艳丽，黄、蓝、白、紫相间，器形规整，完好无损。黄地粉彩白鹤纹海棠式碗身外壁以黄釉作底，其上绘制有白鹤、紫色豌豆花、蓝色祥云等图案，上口沿环绕两道金边，碗足一圈为海水纹样，足底施白釉，底部落款"同治年造"，字体为篆刻。瓷碗内里为豆青色，碗口如一朵盛开的海棠花，十分优雅别致。

黄地粉彩白鹤纹海棠式碗

黄地粉彩白鹤纹海棠式碗覆面

20. 粉彩龙纹茶壶

粉彩龙纹茶壶原藏于咸丰县文物管理所，2014年入藏咸丰县民族博物馆。该茶壶圆口、圆腹、圈足，壶身高8.19厘米，口径5.34厘米，底径5.04厘米。底部有"大清乾隆年制"字样。壶身以白釉作底，其上绘有龙纹、火焰纹、海水纹等纹样，壶盖乳钉钮残损。

粉彩龙纹茶壶

粉彩龙纹茶壶覆面

21. 青花双龙戏珠纹瓷盘

青花双龙戏珠纹瓷盘原藏于咸丰县文物管理所，现藏于恩施州博物馆，国家二级文物。该瓷盘通高6厘米，口径34厘米，足径22厘米，盘内绘有"二龙戏珠"纹样和火焰纹为典型的官窑纹饰，釉质莹润，纹样灵动。瓷盘底部书"大清光绪年制"字样。

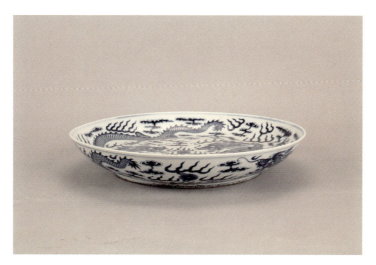

青花双龙戏珠纹瓷盘侧面

青花双龙戏珠纹瓷盘正面

青花双龙戏珠纹瓷盘底面

22. 青花灵芝纹盘

青花灵芝纹盘原藏于咸丰县文物管理所，2014年入藏咸丰县民族博物馆。瓷盘口径14.65厘米，足径9.01厘米，内盘绘有动植物纹样，内盘底有针刺"主"字样，瓷盘器型规整，纹样随意。

青花灵芝纹盘正面

青花灵芝纹盘底面

花押款，又称花样款，是指瓷器款识的形式是图案、仿叶和符号。花押的使用在唐代已经出现，元代达到兴盛。花押款瓷器在明代就已经出现，清代康熙、雍正时期广为流行。花押是窑工和窑口的符号，没有特殊意义。花押款都是民窑烧制，常见图案有：佛教相关图案（轮、螺、伞、盖、花、罐、鱼、肠等）；道教相关图案（宝剑、葫芦、花篮、渔鼓、笛子、荷花等）；动植物图案（龙、凤、鹿、鱼、龟、鹤、松、竹、梅、灵芝、瑞草、艾叶等）；博古图案（八卦、太极、八宝、八音、琴棋书画等）；"豆腐干"图案，即在双重方框内绘横竖相间的线条；"四朵花"图案，即在双重圆圈内绘四个似字非字的图案或四朵花。

23. 双龙纹梨式紫砂壶

双龙纹梨式紫砂壶原藏于咸丰县文物管理所，2014年移藏咸丰县民族博物馆。

双龙纹梨式紫砂壶立面

该壶通高8.7厘米，壶身梨式造型，鼓腹、圆韵、压截盖，圆钮有底脚，底向里凹为包底圈，龙头形三弯嘴朝天，嘴根与流口粗细变化不大，出水为独孔，圈把饰龙尾纹，壶壁两侧均铸有双龙纹：一侧为双龙夺珠纹，双龙口吐长舌，争夺一颗火珠；另一侧为双龙夺壶纹，双龙头顶饰火焰纹。壶盖饰一盘龙，盖顶龙头状。壶外底落款"康熙年造"字样，其整器造工精致，稳重大方。

双龙纹梨式紫砂壶覆面

24. 龙吐珠纹紫砂壶

龙吐珠纹紫砂壶征集于民间，原藏于咸丰县文物管理所，2014年入藏咸丰县民族博物馆。

龙吐珠纹紫砂壶

龙吐珠纹紫砂壶壶身高5.5厘米，壶盖顶为乳钉钮，无纹圈把，龙头型壶嘴，壶身两侧分别盘铸一条飞龙，口含宝珠，鳞爪飞扬。

龙吐珠纹紫砂壶仰面

龙吐珠纹紫砂壶覆面

25. 龙纹竹节嘴紫砂壶

龙纹竹节嘴紫砂壶征集于民间，原藏于咸丰县文物管理所，2014年移藏于咸丰县民族博物馆。

该壶高5.6厘米，宽11.7厘米，重0.10千克。壶身呈圆形，竹节嘴，壶盖为乳钉钮，盖身铸有火焰纹，无纹圈把，竹节型壶嘴，壶身两侧盘铸龙纹各一，口含宝珠，鳞爪飞扬。

龙纹竹节嘴紫砂壶正面

龙纹竹节嘴紫砂壶仰面

龙纹竹节嘴紫砂壶覆面

龙纹竹节嘴紫砂壶侧面

26. "大清乾隆六年八月吉日造"铭文铁钟

中国古代的钟，按使用范围可分为乐钟、朝钟、寺庙钟和钟楼钟四类。寺庙钟是悬挂于寺庙、道观中的大钟，因最早用于佛教寺院，故名"梵钟"或唤钟，道教庙观袭用后仍沿称此名，或又称"道钟"。寺庙钟在每日晨暮,僧众集会或宗教仪式时敲击。它既是寺庙庄严的象征,也用以报时作息。

"大清乾隆六年八月吉日造"铭文铁钟于2013年征集于重庆黔江区张家坝,现藏于咸丰县民族博物馆,国家三级文物,属于典型的寺庙钟。铁钟高73厘米,口径47厘米。铁钟置双龙钮,龙首背向,龙嘴及龙爪紧贴钟顶而卧,两龙身躯隆起作穿;钟肩有圆孔八个,外饰一圈乳钉纹;钟腹上铸有五道弦纹,形成四层,上层饰八朵乳突状缠枝纹样环绕钟体一周,钟腹层布有八等份圆圈,圈内铸有"福寿康宁"四字和白虎、青龙、朱雀、玄武图案,其下一层楷书铸铭"大清乾隆六年八月吉日造 善惠寺"字样,字体环布钟体一周,最下层浮铸缠枝牡丹花纹一圈。钟口呈曲线花瓣状,口面及四周均饰有大小不等的乳钉状纹样,钟壁较厚。整器造型古朴,铸工精湛。根据铸铭"大清乾隆六年八月吉日造"可知,此钟铸造于1741年,结合征集地为重庆黔江区可推断,此钟实为该地一座名叫"善惠寺"寺院里的器物。

"大清乾隆六年八月吉日造"铭文铁钟

寺庙钟依其用途又可分为梵钟与唤钟两种。梵钟又称大钟、洪钟、鲸钟等。因为它在被撞响的时候，能够清净梵刹，使人们涤除杂念，内心安定祥和，所以称为梵钟；又因其声响洪亮致远，所以称为洪钟。唤钟又称半钟、小钟，悬挂于佛堂内的一隅，其用途在于通告法会等行事的开始，故亦称行事钟。

27."大清乾隆四十七年造"石狮

中国历来把石狮子视为吉祥之物。古代的官衙庙堂、豪门巨宅大门前，都摆放一对石狮子用以镇宅护卫。时至今日，许多建筑物大门前，还有这种安放石狮子镇宅护院的遗风。

"大清乾隆四十七年造"石狮原存于龙潭土司遗址（现清平镇龙潭司村小学），2014年入藏咸丰县民族博物馆，国家三级文物。石狮造像分为基座和主体两部分，共有两只，呈坐立状，造型威武，雕刻精美，其形制大致相同。

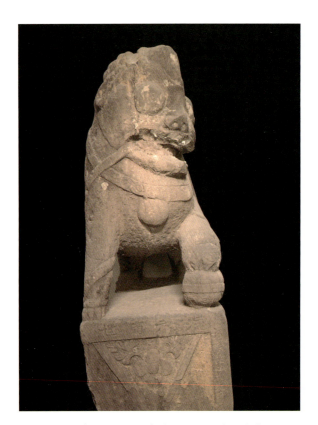

"大清乾隆四十七年造"石狮之雄狮造像

雄狮嘴衔绥带，左脚踩球，脖系铃铛；雌狮右脚踩球，胸前有一只幼狮匍匐，憨态可掬。两石狮扭头侧望，呈对视状。两石狮基座均为须弥座形制，上有刻铭与雕花纹样。雄狮基座正面刻楷书"流芳百世""大清乾隆四十七年冬月"字样，中心浮雕牡丹纹样，基座两侧刻"□月□日吉□"字样和缠枝纹、牡丹纹、云纹等纹样；雌狮基座正面横刻楷书"公元一九九九年普九维修"字样，基座两侧雕饰缠枝纹、牡丹纹和云纹等纹样。

"大清乾隆四十七年造"石狮之雌狮造像

雄狮踩球，寓意脚踏环宇，是权力的象征；雌狮踩小狮，寓意子孙绵延；缠枝纹牡丹又名"万寿藤"，是中国古代传统吉祥纹样，寓意吉庆，因其结构连绵不断，故有"生生不息"之意。据民间传说，石狮子胸前的铃铛是天上与地下联络的沟通之物，具有降神除魔、镇宅护院的效果。当煞气要进来时，铃铛就会响，从而吓跑这些煞气，保护院子的安全，起到警示的效果；另说石狮胸前的铃铛是金铃，是文殊菩萨为自己的坐骑带上的，有招财进宝之意。都表达了人们对自己生活的一种向往，希望石狮子能保佑自己一生平安富贵。

石狮来源地龙潭土司遗址，是元明清时期土司的治所。元至正六年（1346）置安抚司，田氏世袭其职，属施州卫。明玉珍改宣抚司，明洪武四年（1371）龙潭土司田起喇（田应虎）归顺明朝改安抚司。洪武二十三年（1390）废，洪武二十五年（1392）复置，编户一里，领上、下支罗二峒（位于现利川市谋道镇）。明世宗嘉靖二十六年（1547），田氏亲戚黄俊篡夺田氏安抚司职位，聚众反叛朝廷。嘉靖三十三年（1554），黄俊被明朝征剿入狱。黄俊之子黄忠为支罗峒长，恰逢现四川平武县的白营寨造反，朝廷发兵征讨，黄忠为父赎罪自荐为副指挥，立功赎父出狱，后父子继续反叛朝廷，于隆庆二年（1568）被朝廷彻底剿灭。其后，龙潭土司仍归田氏世袭其职。田氏土司在清康熙三年（1664），归顺清朝；康熙十三年（1674）吴三桂叛乱，龙潭土司归附之；康熙十九年（1680）龙潭土司再次归顺清朝。雍正十三年（1735）改土归流，时任安抚司田贵龙改世袭千总，至其子田朝举、孙田胜祖，改隶江夏县（今江夏区）籍。

28. "太平天国丙辰六年造"铭文铁火炮

"太平天国丙辰六年造"铭文铁火炮于2013年征集于重庆黔江境内，现藏于咸丰县民族博物馆，国家一级文物。这尊铁火炮铸造于清咸丰六年（1856），分为炮身和炮架两部分，炮身全长140厘米，高50厘米，炮筒口径11厘米，炮身正面铸"太平天国丙辰六年造"字样。车轮式炮架，对称长柄推手。铁炮虽锈迹明显，炮身仍然完好。

太平天国运动是清朝咸丰元年（1851）到同治三年（1864）期间，由洪秀全、杨秀清、萧朝贵、冯云山、韦昌辉、石达开等组成的领导集团从广西金田村率先发起的反对清朝封建统治和外国资本主义侵略的农民起义战争，这是19世纪中叶中国最大的一场大规模反清运动。1864年，随着太平天国首都天京（南京）的陷落，起义运动失败。

据考证，1861年和1863年，太平天国翼王石达开先后两次率部进入现重庆的黔江辖境，短期内对清政府在黔江的统治造成了重创。"太平天国丙辰六年造"铁火炮为当年太平天国主将石达开攻陷黔江城后所遗留。

"太平天国丙辰六年造"铭文铁火炮

"太平天国丙辰六年造"铭文铁火炮局部

29. 木雕双狮雀替

雀替是中国古典建筑构件的专业术语，又称"撑拱"，古玩市场上俗称"牛腿"，北方地区叫"马腿"，是明清古建筑中的上檐柱与横梁之间的撑木。主要支撑建筑外挑木、起檐与檩之间承受力的作用，使外挑的屋檐达到遮风避雨的效果，又能将其重力传到檐柱，使其更加稳固。

木雕双狮雀替原藏于咸丰县文物管理所，2014年入藏咸丰县民族博物馆，国家三级文物。木雕双狮雀替为雌雄各一只。雄狮长126厘米，宽27厘米，高44厘米，背负"寿"字福牌与毛笔各一，前足捧一绣球；雌狮长126厘米，宽27厘米，高44厘米，背负书籍，呈仰头匍匐状，雌狮前足捧一小狮嬉戏。

木雕双狮雀替之雄狮造像（一）

木雕双狮雀替之雄狮造像（二）

明初，雀替造型简单，仅仅是一根较细窄的能够支撑斜木的棍、杆形状，只在棍、杆上稍微雕琢一些竹节、花鸟、松树之类非常简练的浅雕。明中期，雀替演变成倒挂龙形。到了清代，雀替多为斜木形，是象征财富的标志性木雕构件，雕工繁琐，精雕细凿，契合当时流行的密不透风的建筑风尚，在建筑中非常引人注目。民国初期，雀替渐渐退出历史舞台。

30. 木傩面

傩，古书释作"驱鬼逐疫"。傩戏是在傩舞的基础之上发展形成的一种戏剧形式，被称为"中国戏剧的活化石"，是中国古老的文化之一。

木傩面（一）

木傩面（二）

现藏于咸丰县民族博物馆内的傩戏面具共一套46件，国家三级文物，为酸枣木材质，素面无彩绘，烟熏痕迹明显。傩面造型各异，表情丰富，对应着不同人物的性格特征。据考证，此套傩面眼部及脸部两侧均未穿孔，且人物形象及面部表情多有雷同之处，相较其他地域傩面狰狞、奸猾、凶残的造型特征来说，此套傩面表情仁慈、温和了许多，并且傩面均未上色。由此可见，这些傩面未制作完工且专为展示所用。

咸丰县民族博物馆木质傩戏面具展示墙

据考证，傩戏起源于商周时期的方相氏驱傩活动。汉代以后，逐渐发展成为具有浓厚娱人色彩和戏乐成分的礼仪祀典。大约在宋代前后，傩仪由于受到民间歌舞、戏剧的影响，开始衍变为旨在酬神还愿的傩戏。傩戏在不同民族和地区，名称不一，其名称有傩堂戏、端公戏、师道戏、僮子戏、地戏、关索戏等。傩戏面具为其艺术造型的重要手段，内容多与宗教鬼神有关。傩戏的代表剧目有《捉黄鬼》《刘文龙赶考》《孟姜女》《张文显》《陈州放粮》《薛仁贵征东》《庞氏女》《龙王女》《桃源洞神》《梁山土地》等，此外还有一些取材于《目连传》《三国演义》《西游记》等故事的剧目。傩戏的传承主要是目耳相授，道具制作用料主要为柏木和酸枣木等。

第十一章　民国

文物里的世遗唐崖

1. "长命富贵"铭银锁

锁，古时有"铁链"之意。长命锁的前身是"长命缕"，也叫"长生缕""续命缕""延年缕""五色缕""辟兵缯""朱索""百索"等。"长命缕"最早可追溯到汉代。范晔《后汉书·礼仪志》记载："……五月五日，朱索五色印为门户饰，以难止恶气。"由此可知，在汉代时，每逢五月初五端午节，家家户户都在门楣上悬挂五色丝绳，以避不祥。据《说文解字》中的解释，"索"也有"铁链"之意，又"锁"与"索"同韵同音，两者很自然地联系在一起。鉴于"锁"与"索"古义、古音的相同之处以及所蕴含的特殊寓意，"百索"逐渐演变为一种儿童颈饰——长命锁。

"长命富贵"铭银锁，长 4.31 厘米，宽 1.38 厘米，高 2.36 厘米，重 10.25 克。锁正面中央铸有"福"字样，两侧铸"长命"字样，背面中央铸"福"字样，两侧铸"富贵"字样，另外锁扣内侧竖铸铭文"蔡回升足纹"字样，工艺精湛，纹饰精美。

"长命富贵"铭银锁正面

"长命富贵"铭银锁背面

在中国古代，由于医疗条件差，人们抵御外界灾难的能力有限，许多婴儿因疾病而夭折。因此，古人常在新生儿百日或周岁时为其佩戴长命锁，认为小孩一旦戴上了长命锁，就能消灾避祸，平安长大。可见，一把小小的"长命富贵"银锁，"锁"住的是长辈对幼儿的拳拳爱护之心，更是中国传统文化的传承。

2."五子登科"铭铜镜

铜镜,是古代人们不可缺少的生活用具。上古的镜,就是"大盆"的意思,它的名字叫"监"。《说文解字》记载:"监可取水于明月,因见其可以照行,故用以为镜。"在夏朝之初,监都是用瓦制的,所以古代的"监"是没有"金"字旁的。到了商代,开始铸造铜鉴,后来鉴字才有了"金"字偏旁。另《说文解字·金部》中释"鉴"为盆,《尚书》《国语》等先秦著作中,均提到过古人"鉴于水"。《武陵藏珍》记载:"远古时期,人们以水照面。铜器发明以后,以铜盆盛水鉴形照影。"

"五子登科"铜镜原藏于咸丰县文物管理所,2014年入藏咸丰县民族博物馆。铜镜直径12.11厘米,厚0.5厘米,重0.40千克。铜镜呈圆形,镜面近平,镜身较薄;镜背内区有一乳突钮,中区铸"五子登科"镜铭和花纹,字竖读,阅读顺序为上下右左,外缘区为双联弧纹。

"五子登科"铭铜镜背面

"五子登科"的典故出自五代时期。五代时期,有一位名叫窦禹钧的人,育有五个儿子,个个出类拔萃,先后登科及第,故被人称赞为"五子登科"。时太师冯道为其赋诗云:"燕山窦十郎,教子有义方。灵椿一株老,丹桂五枝芳。"故蒙学读物《三字经》中亦有"窦燕山,有义方,教五子,名俱扬"的句子,以此来歌颂窦禹钧教子有方,家族门庭兴旺。

3. 粉彩三娘教子图壁瓶

壁瓶又称轿瓶、挂瓶，为诸多瓶式的一种，以挂于壁面而名，其造型最早出现在明代万历时期。明人文震亨《长物志》中称之为"壁瓶"，清代则称为"挂瓶"或"轿瓶"。其器型为常见花瓶、尊等竖部的一半，靠壁一面平坦有孔，以利于悬挂于墙壁上，可插花，作居家装饰之用。壁瓶尺寸也有大小之分，所绘图案有龙纹、高士、八仙、松、竹、梅、斗鸡、芦雁、折枝花果、雏鸡、牡丹等。

粉彩三娘教子图壁瓶现藏咸丰县民族博物馆，身高15.7厘米，壁厚1.5厘米，壁身彩绘"三娘教子图"。图中，两稚童头顶发髻，身着长袍，正围着一女子嬉笑打闹，神态灵动可爱。女子面容姣好，头挽发髻，身着七彩长袍，低眉浅笑，神态温柔贤淑。人物周围点缀着盛开的梅花、浅草等植物，画面富有生活情趣。

粉彩三娘教子图壁瓶

粉彩三娘教子图壁瓶

明万历年间的《遵生八笺》载有"床内后柱上钉铜钩二,用挂壁瓶,四时插花,人作花伴,清芬满床,卧之神爽意快。冬夏两可,名曰二宜",可见当时文人对壁瓶的喜爱。

4. 莲花童子彩绘木雕

莲花童子彩绘木雕原藏于咸丰县文物管理所,2014年入藏咸丰县民族博物馆,国家三级文物。该木雕为一对，均为彩绘，原为清时咸丰县城城隍庙内的构件。两木雕高分别为53厘米、52.8厘米，两童子头挽羊角发髻，圆脸肥耳，笑眼略睁，对视嬉戏。两童子身穿绣花马夹，齐膝肥裤，腕戴圆环，双手各执一枝莲花于头顶，赤足立于鳌头之上，彩带在臂间飘举，虎步生风，其造像天真活泼，憨态可掬。

莲花童子彩绘木雕（一）

莲花童子彩绘木雕（二）

在中国传统文化中，莲花有富贵、吉祥、高洁等寓意；童子有"吉祥如意""多子多福""子孙兴旺""招财纳福""返璞归真"等诸多寓意；"独占鳌头"是明清两代较为流行的题材，寓意美好，象征科举及第、名列前茅。莲花童子彩绘木雕有"望子成龙"之意。

莲花童子彩绘木雕整体形象简单朴拙，衣纹雕刻简单，造型线条圆健有力、疏密有致，堪称精工佳作。

5. "林君周华记造"款漆木罗盘

罗盘，又叫罗经、罗庚、罗经仪等，是现代指南针的前身，古人用于风水探测，是道教理气宗派常用的操作工具。罗盘由天池、内盘、外盘三大部分组成。罗盘的天池，亦叫海底、指南针，由顶针、磁针、海底线、圆柱形外盒、玻璃盖组成，固定在内盘中央。罗盘的内盘，就是紧邻指南针外面那个可以转动的圆盘。内盘面上印有许多同心的圆圈，一个圈就叫一层，少则八格，最多可达三百八十四格。罗盘的外盘为正方形，是内盘的托盘，在四边外侧中点各有一小孔，穿入红线成为天心十道，用于读取内盘盘面上的内容。

"林君周华记造"款漆木罗盘正面

"林君周华记造"款漆木罗盘原藏于咸丰县文物管理所，现藏于咸丰县民族博物馆，国家三级文物。该罗盘内盘直径13.02厘米，整个罗盘宽13.16厘米，厚1.83厘米，重116.18克，罗盘外底中央刻有"林君周华记造"字样。其外盘正方形，内盘圆形，外盘正面用红漆刷涂，内外底为黑漆刷涂。

"林君周华记造"款漆木罗盘背面

林君周,清末民初的罗盘名家,地理大师。他制作的罗盘字体清晰流畅,细节处理完美,行走非常精准。

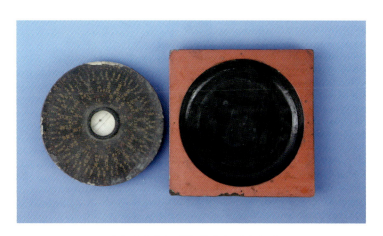

"林君周华记造"款漆木罗盘仰面

罗盘的种类很多,最常用的有三元盘、三合盘、三元三合两用盘、易盘、玄空盘以及各派所用的独特盘。罗盘中的"卯"代表东方,"午"代表南方,"酉"代表西方,"子"代表北方,"巽"代表正东南,"坤"代表正西南,"乾"代表正西北,"艮"代表正东北。中国古人认为,人的气场受宇宙的气场控制,人与宇宙和谐就是吉,人与宇宙不和谐就是凶。于是,他们凭着经验把宇宙中各个层次的信息,如天上的星宿、地上以五行为代表的万事万物、天干地支等,全部放在罗盘中。

6. 蝴蝶团寿纹"西兰卡普"门帘

"西兰卡普"又称"打花铺盖",是一种土家织锦。其以独特的工艺和美妙的构图被列为中国五大织锦之列。西兰卡普是以深色的锦线为经线,各种色彩的粗丝、棉、毛绒线为纬线,进行手工挑织,其色彩艳丽,图案新颖,多达几百种。一般分为三种类型:一是自然景物、猛兽、家什器具、鲜花百草;二是几何图案,最常见的是单八勾、双八勾等;三是文字图案,如喜、福、寿等。其整体效果古朴典雅,层次分明。

蝴蝶团寿纹"西兰卡普"门帘

民国蝴蝶团寿纹"西兰卡普"门帘原藏于咸丰县文物管理所，2014年入藏咸丰县民族博物馆，国家三级文物。其长115厘米，宽53.3厘米，以素白棉线为经线，以红、蓝、绿等棉线为纬线，其上挑织出蝴蝶、凤凰、团寿等多种抽象纹样，构图精妙。绣面中心挑织出四个黑色"寿"字，组合成正方形，四对凤凰环绕"寿"字，构成一个同心圆，每对凤凰之间点缀一个"寿"纹，凤凰呈展翅飞翔状；绣面上下各绣有一对蝴蝶纹，两对蝴蝶纹之间各绣有一彩色"寿"字。门帘整体造型简洁明快，古朴大方。

关于"西兰卡普"，在土家族地区流传着这样一个传说：远古时代，有一位心灵手巧的女孩，她穿针走线，织成了有100种花朵图案的西兰卡普。后来，受到了嫂子的嫉妒，诬陷她夜里出门私会，败坏了门风，挑唆其哥将她残害了。噩耗传出，土家族姑娘非常怀念她，把她织的彩锦，取名打花铺盖，并当作土家姑娘的嫁妆。现在打花铺盖均用三块西兰卡普缀连而成。

民国蝴蝶团寿纹"西兰卡普"门帘纹样抽象繁复，具有丰富的文化内涵，挑织针法十分精巧，具有极高的艺术审美价值。

7. 1927年《湖北省农民协会告农民》告示手稿

1927年《湖北省农民协会告农民》告示手稿于1982年入藏咸丰县文物管理所，现藏于恩施州博物馆，国家一级革命文物。该告示为纸质，共计一页，通长76厘米，通宽55厘米，全文从右至左，楷体竖写，字体规整，版面素净。

《湖北省农民协会告农民》告示内容具有鼓动性和宣传性，主要是揭穿土豪劣绅的阴谋，揭示土豪劣绅剥削阶级的本质，号召广大农民加入农会，团结起来，打倒土豪劣绅。告示的落款是"常务委员：陆沉 蔡以忱 陈荫林 郭树勋 邓演达 张学武 张眉宣 符向一"，落款时间是"中华民国十六年"。

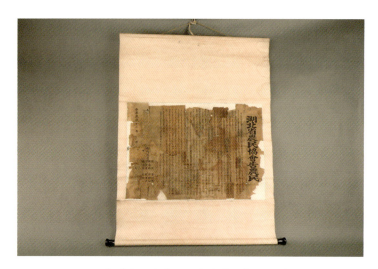

1927年《湖北省农民协会告农民》告示手稿

8. 1932年中华苏维埃共和国国家银行伍分纸币

1932年中华苏维埃共和国国家银行伍分纸币原藏于咸丰县文物管理所，2014年入藏咸丰县民族博物馆。纸币长8.2厘米，宽5厘米。纸币正面底纹为浅绿色，上中横印"中華蘇維埃共和國國家銀行""E765043"字样，中印"伍分"，下中印"憑票廿張兌換銀幣壹元"字样，左右分别为时任中华苏维埃共和国财政部部长邓子恢和国家银行行长毛泽民的亲笔签字，字体为黑色俄文字样；伍分纸币背面底纹为深紫色，上方印"中華蘇維埃共和國國家銀行"字样，中间印有"0.05"字样和党徽图案，下方印"公曆一九三二年"字样。

1932年中华苏维埃共和国国家银行伍分纸币正面

1932年中华苏维埃共和国国家银行伍分纸币背面

1931年11月7日，中华苏维埃共和国临时中央政府在江西瑞金成立，主席毛泽东，以中国工农红军作为国家的武装力量。1932年2月1日，中华苏维埃共和国创立国家银行，任命毛泽民为中华苏维埃共和国国家银行行长。由于当时苏区各地并行流通的货币五花八门，单是各级苏维埃政府发行的纸币就多达150多种，还有布钞10余种，金融市场杂乱无章，严重阻碍商品流通和经济正常运行，故从1932年7月至1934年10月间，中华苏维埃共和国国家银行前后共发行过伍分、壹角、贰角、伍角、壹元等五种面额的纸币。

9. 1932年中华苏维埃共和国国家银行贰角纸币

1932年中华苏维埃共和国国家银行贰角纸币原藏于咸丰县文物管理所，2014年入藏咸丰县民族博物馆。纸币长10.2厘米，宽6.8厘米。纸币正面底纹为蓝色，上中横印"中華蘇維埃共和國國家銀行"字样，中间印有列宁头像和"贰角"字样，四角印有"贰""角"字样，下中印有"憑票伍張兌換銀幣壹圓"字样，左右分别为时任中华苏维埃共和国财政部长邓子恢和国家银行行长毛泽民的亲笔签字，字体为黑色俄文字样；贰角纸币背面底纹为紫色，上中印有"695045"字样，正中印有党徽、五角星、谷穗等纹样和"0.2"字样，下中印有"1932"字样，四角印有"贰""角"字样。

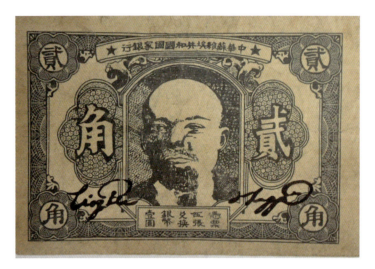

1932年中华苏维埃共和国国家银行贰角纸币正面

1932年中华苏维埃共和国国家银行贰角纸币正背面

这些苏区发行的纸币都属于兑现纸币，可以与银元、银角自由兑换。关于纸币上的黑色签字，据说是一种特殊的防伪标识。据考证，当年在制作纸币时有两种防伪方法：一是在制作纸币的纸浆里放入适量羊毛，真币一烧会有臭味，假币则无，以此来区分真假；另一个方法就是纸币上的签字既不是俄文，也不是英文，只是一种特殊的防伪记号，只有内部少数人能识别。

10. 1933年中华苏维埃共和国国家银行伍角纸币

1933年中华苏维埃共和国国家银行伍角纸币原藏于咸丰县文物管理所，2014年入藏咸丰县民族博物馆。纸币长10.7厘米，宽7厘米。纸币正面底纹为浅蓝色草花纹，上方横印"中華蘇維埃共和國國家銀行""C953019"字样，中间和四角印有"伍""角"字样，下方印有"憑票式張兑換銀幣壹圓"字样和时任中华苏维埃国家财政部部长林伯渠和国家银行行长毛泽民的亲笔签字；伍角纸币背面底纹为浅红色草花纹，上方印有"國家銀行"字样，下方印有"一九三三年"字样，四角印有"伍""角"字样。

1933年中华苏维埃共和国国家银行伍角纸币正面

1933年中华苏维埃共和国国家银行伍角纸币背面

11.1934年中华苏维埃共和国国家银行壹圆纸币

1934年中华苏维埃共和国国家银行壹圆纸币原藏于咸丰县文物管理所,2014年入藏咸丰县民族博物馆。纸币长11.8厘米,宽6.5厘米。纸币正面底纹为红色,上方横印"中華蘇維埃共和國國家銀行""765049"字样,中间印有列宁头像,四角印有"壹"字样,下中印有"憑票即付銀幣壹元"字样,左右分别为时任中华苏维埃共和国财政部部长邓子恢和国家银行行长毛泽民的亲笔签字,字体为黑色俄文字样;壹圆纸币背面底纹为浅绿色,上中印有"國家銀行"字样,正中印"1 ONE 1"字样,下中印有"1934"字样,四角印有"壹"字样。

1934年中华苏维埃共和国国家银行壹圆纸币正面

1934年中华苏维埃共和国国家银行壹圆纸币背面

这些红色纸币,真实反映了在那个特定年代,共和国先辈们为了经济发展而进行的一种尝试,其历史文化价值远远超过其经济价值,是进行红色文化教育的珍贵实物。

12. 1933 年制"宣扬正义"木质纪念牌

1933 年制"宣扬正义"木质纪念牌现藏于咸丰县民族博物馆,国家三级文物。其宽 10.76 厘米,厚 1.60 厘米,高 15.69 厘米,重 1.29 千克,木铜混合材质,整体呈盾牌造型。纪念牌正面中央竖刻"宣扬正义"四字,右上竖刻"武穴民教馆二期抗战讲演竞赛纪念"十五字,左下落款"专员袁济安赠"六字,字体上方饰有一株葡萄纹,背面无纹饰,有一活动支架。

1933 年制"宣扬正义"木质纪念牌正面

1933年制"宣扬正义"木质纪念牌侧面

民教馆,是民众教育馆的简称,为民国时期的社会教育机构。1927年,国民政府教育部将"通俗教育馆"改名为民众教育馆。1932年,民教馆下设阅览、讲演、生计、友谊、健康、陈列、出版七个部。

"宣扬正义"木质纪念牌制作于1933年(民国二十二年),是时任湖北省第十区行政督察专员兼保安司令袁济安颁授给武穴民教馆参加二期抗战讲演竞赛的纪念奖牌。

13. 1933年5月18日中国工农红军第三军政治部出版刊物《战士的话》(第一期)

1933年5月18日中国工农红军第三军政治部出版刊物《战士的话》(第一期)现藏于恩施州博物馆,国家一级革命文物。纸稿通长19厘米,通宽15厘米,共计两页。全文从右至左,楷体竖写,字体规整,版面素净。

1933年5月18日中国工农红军第三军政治部出版刊物《战士的话》（第一期）

纸稿内容原文如下：

订书的注意　照墨线下针　中国工农红军第三军政治部　战士的话　第一期　一九三三年五月十八日出版。

今天战士生活上的困难是什么？一、衣服的困难；二、斗笠的困难；三、油盐的困难；四、医药的困难。

这个困难怎样形成的？一、洪湖苏区因为改组派的破坏失败形成了今天的困难！二、湘鄂边苏区被改组派破坏亦是增加今天的困难！三、帝国主义和地主资产阶级国民党的封锁给我们造成了许多的困难！

因为困难而悲观失望是不对的！一要解决我们的困难只有消灭国民党！二要解决我们的困难只有肃清改组派！三要解决我们的困难只有巩固发展湘鄂边苏区！四要解决我们的困难只有争取全国的胜利！

目前的困难如何解决？一、衣服已经设法开始在缝！二、斗笠七九两师已发齐，其余在准备中；三、医药　现在找中医服中药；四、我们经济进款中主要的用来解决以上的困难问题。

最后：我们一切的困难，只有争取全国革命的胜利才能彻底解决。

声名：以后"红军须知"改名为"战士的话"。

14.1933年5月25日中国工农红军第三军政治部出版刊物《战士的话》（第二期）

1933年5月25日中国工农红军第三军政治部出版刊物《战士的话》（第二期）现藏于恩

施州博物馆,国家一级革命文物。纸稿通长19厘米,通宽15厘米,共计两页。全文从右至左,楷体竖书,字体规整,版面素净。

1933年5月25日中国工农红军第三军政治部出版刊物《战士的话》(第二期)

纸稿内容如下:

第二期《战士的话》:从实际问题上反对军阀制度残余。

一、九师的故事。九师二十六团三连一个战士放哨放了一个通晚,因为代班的睡了觉,连长排长亦不查哨。第二天战士报告三连连长,连长说:"你不能讲,你讲出来我更要罚你,以后打火线你带花,我不令人抬你。"这是什么表现?(一)这一个连长简直是十足的军阀制度残余;(二)这一个连长完全帮助了反革命改组派活动的阴谋;(三)这样混蛋的连长不配指挥我们,应当严厉的处罚。

二、教导团的故事。教导团二营六连连长,不开连伙食,连部吃三餐饭,战士吃两餐。战士问他,他说,你们没有人搬应该吃两餐,并且这一个连长打团防,他故意弄阴谋,将敌人放走了!现该连长已竟押起来。这一个连长一方面玩弄军阀制度残余的手段,一方面实际的做了反革命工作。

三、怎样反军阀制度残余?只有在战士大会上无情的批评和坚决的打击才能彻底消灭红军中军阀制度残余。

落款是"中国工农红军第三军政治部"。

15. 1933年中国工农红军第三军政治部出版刊物《战士的话》副刊

1933年中国工农红军第三军政治部出版刊物《战士的话》副刊现藏于恩施州博物馆,国家一级革命文物。该副刊为一套两件,共计八页,均长15厘米,通宽10厘米。全文从右至左,楷体竖写,字体规整,版面素净。

1933年中国工农红军第三军政治部出版刊物《战士的话》副刊(一)

1933年中国工农红军第三军政治部出版刊物《战士的话》副刊(二)

1933年中国工农红军第三军政治部出版刊物《战士的话》副刊（三）

16.1936年朱克靖所用玉屏箫

玉屏箫是用贵州玉屏侗族自治县出产的竹子制成，因此而得名。其以音色清越优美、雕刻精致而著称，是民族乐器中的精品，在国内外享有盛名。清人诗中写道："曾过扬州廿四桥，玉人吹处月华招。那知双管传仙调，端在平溪制更高。"玉屏箫分为玉屏洞箫、玉屏琴箫、玉屏南箫、玉屏尺八等种类。其制作始于明万历年间，距今已有400余年的历史。明、清两代，玉屏箫曾作为贡品，故又有"贡箫"之称。《黔南丛书·黔语》记载："去玉屏十五里曰羊坪，产美竹。有郑氏辨其雌雄，制成箫材，含吐宫徵，清越微妙，是以天下之言箫必首郑氏。"清人田榕编纂的《玉屏县志》记载："平箫，邑人郑氏得之异传，音韵清越，善音者不减风笙。"

1936年朱克靖所用玉屏箫，原藏于咸丰县文物管理所，现藏咸丰县民族博物馆，国家三级文物。其长75.7厘米，外径1.7厘米，内径1.6厘米，6孔。箫身采用行书、草书、隶书、篆刻等手法雕刻出图铭，箫口与箫尾部位为铜质，管身密布图铭，正面由上至下分别篆刻"箫引鸾""□□□□大吉羊""黄鹤楼中吹玉笛，半入江风半入云"。这两句诗分别引用唐代诗人李白《与史郎中钦听黄鹤楼上吹笛》和杜甫《赠花卿》中的一句。背面刻铭："丙子□□□□□盘踞滇黔边境，余军次贵州遵义县，每值公余，徘徊街市赌坊，□所售之玉屏笛仗为该地特产，深爱之，特购一支，以志纪念。克靖自诚。"侧面刻铭："仗不扶持 富贵□□ 中华民国二十五年夏四月刊。"其中，"富贵□□"四字为铁线篆体。"丙子"即1936年，"中华民国二十五年夏四月"即1936年4月。

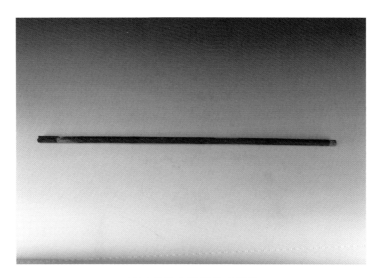

1936年朱克靖所用玉屏箫

1936年朱克靖所用玉屏箫局部刻铭

据考证，箫身落款"克靖自诚"之"克靖"二字，为革命烈士朱宏夏的字或号。朱宏夏，字竹懿（也作竹怡），号克靖，曾用名朱笃一，1895年10月出生，湖南省醴陵县（今醴陵市）人，1919年考入北京大学，1922年加入中国共产党。1923年，受党派遣到苏联莫斯科东方大学学习后任国民革命军第三军党代表兼政治部主任，参加北伐战争。1926年当选为共产国际执委会委员。1932年至1934年，任教于广西师专（现为广西师范大学）。1940年任新四军联络部部长。1947年10月遭国民党暗杀于南京郊外，时年52岁。

17.1937年王承德赠严立三的六棱形刻字楠木帽筒

帽筒，俗称"官帽筒"，最早是清代官员放置顶戴花翎的器具，所谓"冠不落地，鞋不上桌"，

1937年王承德赠严立三的六棱形刻字楠木帽筒（一）棱面

既彰显为官者身份，亦是对官帽的一种尊重。帽筒创制于清嘉庆年间，最初为直筒型，流行普及于清同治、光绪年间，后随晚清没落，其性质逐渐演变，兼具实用与观赏功能，发展为类似花瓶的陈设器，被民间广泛使用。

帽筒按质地可分为瓷质、竹质、木质等，常以瓷质见多。按形状可分为圆筒形、四方筒形、六棱筒形、宝瓶形、竹节筒形、圆筒喇叭口形等；按表现手法可分为青花、五彩、粉彩、浅绛彩、开窗、镂空、堆塑、阴刻等；按纹饰题材可分为人物故事、山水花鸟、铭文刻字等。现传世瓷质帽筒以清光绪、民国时期民窑为主，藏于各大博物馆。

咸丰县民族博物馆所藏1937年王承德赠严立三的六棱形刻字楠木帽筒为形制相同的两只，国家三级文物，分别制作于1937年4月、1937年12月。两帽筒均高29.7厘米，边长6.3厘米，口径12.06厘米，对角直径23.7厘米，底径13.74厘米，每只重0.35千克，楠木材质，筒身呈六棱形，内部中空无封口，木构件之间以牛胶黏合，口部略有残损，整体保存完好。两只帽筒壁身均有铭刻诗文。

1937年王承德赠严立三的六棱形刻字楠木帽筒（二）棱面

帽筒（一）刻："涂泥轩冕缅高风，万事无心一钓筒。物色江湖星象动，中兴汉业数英雄"，"大吉昌宜侯王 空灵瓦文 大吉昌洗铭 六字"，"悠然遐想痛时艰，斗岱遥瞻霄汉间。免胄宣献如望岁，作霖欣再起东山"，"大富贵昌宜长乐 黄龙六年李堂□ 右羊□铭十四字 长生未央瓦文 货布"，"鹤偻高飞簇金鞍，放眼青山侧帽看，快斫长鲸东浪上，好凭双手挽旌烂"，"中平□世结 平洗铭七字 各将瓦文 民国廿六年夏四月上瀚刊于咸丰官雁"字样。

帽筒（二）刻："江汉朝宗玉镜清，品题人物有权衡。弹冠相庆知多少，踵接名流鹭冕缨"，"汉衣中庭瓦文 右双鱼永远洗铭七字"，"右□太和钟铭□字 上弗瓦文 右汉吉□利铜器铭字"，"寿命昌宜候王 延年瓦文 沕金 汉沕金铜□铭二字"，"中华民国廿六年十二月中浣刻"，"立三姻兄大人 清玩 并呈 俚句尚希 教政 峻安弟王承德敬赠"字样。

严立三，又名严重，立三为其字号，别号劬园，湖北麻城人，生于清光绪十八年（1892），逝世于1944年，陆军中将。1924年1月，严立三追随孙中山筹建黄埔军校，并任总队长，被

1937年王承德赠严立三的六棱形刻字楠木帽筒棱面刻铭

称为"黄埔良师"。1926 年 7 月,严立三任国民革命军二十一师师长,屡挫强敌,赢得"北伐名将"之誉。1927 年 8 月,严立三任军事委员会军政厅厅长,半年后请辞,开始长达十年的隐居生活。1937 年 11 月,严立三任湖北省民政厅厅长。1939 年,严立三任湖北省代理省主席。1940 年 6 月,严立三再次主动请辞,移居湖北恩施宣恩县长潭河,晒坪开荒,任教讲学。1944 年 5 月,严立三病故于恩施沙湾湖北省立医院,享年 53 岁。其为人刚正不阿,清介自持,为人清高,超世不群,与张难先、石瑛时被称为湖北三"怪杰"。

王承德,原名王武璋,号承德,别号峻安,湖北咸丰人,生卒年不详。民国时期,王承德曾担任过国民党民团团总、咸丰县尖山区区长等职,1947 年竞选为国民党"国大代表",并于 1948 年在南京参加"国民党行宪国民大会"。

从帽筒刻铭"立三姻兄大人 清玩 并呈 俚句尚希 教政 峻安弟王承德敬赠"可知,严立三与王承德为姻亲关系。据考证,王承德之妻名严修志,为严立三堂妹。

筒壁四首诗文极富文化内涵,描述严立三先生从做官到退隐,然后在国家最需要之时,再次出山"快斫长鲸东浪上,好凭双手挽旌烂"的爱国情怀。同时,还反映出他为官清廉、不逐名利的工作作风。

参考文献

[1] 陈路宇. 中华苏维埃共和国国家银行货币发行初探 [J]. 武汉金融，2014（12）.

[2] 陈孝宁. 灿烂的朱提青铜文化 [J]. 昭通师专学报（社会科学），1994（1）.

[3] 丁长芬. 东汉时期昭通朱提堂狼造铜器相关问题研究 [J]. 昭通学院学报，2018（1）.

[4] 恩施土家族苗族自治州博物馆，荆州博物馆. 东方巫傩与恩施傩文化 [M]. 武汉：湖北美术出版社，2011.

[5] 湖北省咸丰县唐崖镇志编纂委员会. 唐崖镇志 [M]. 北京：方志出版社，2019.

[6] 何继明. 咸丰土司遗址调查报告 [J]. 三峡论坛，2014（4）.

[7] 梁思成. 中国建筑史 [M]. 北京：生活·读书·新知三联书店，2011.

[8] 雷宇. 世界文化遗产"唐崖土司城址"艺术价值研究 [M]. 北京：中国社会科学出版社，2020.

[9] 马元琪. 中国古代箭镞材质的演变与发展研究 [J]. 西北民族大学学报，2019.

[10] [清] 丁佩，姜昳. 绣谱 [M]. 北京：中华书局，2012.

[11] [清] 朱寿朋. 光绪朝东华录 [M]. 上海：中华书局，1958.

[12] 童衍方. 宝壁斋集砖铭 [M]. 上海：上海书店出版社，2003.

[13] 吴小平. 两汉时期云贵地区汉文化的考古学探索 [M]. 杭州：浙江大学出版社，2018.

[14] 王泰初. 西汉五铢钱的分类 [J]. 收藏界，2013（10）.

[15] 咸丰县政协文史资料委员会，唐崖土司城遗址管理处. 唐崖土司城址 [M]. 武汉：湖北人民出版社，2015.

[16] [西汉] 刘安. 淮南子 [M]. 北京：团结出版社，2020.

[17] 许刘涵. 历年茶则茶匙清赏 [J]. 茶道，2019（4）.

[18] 薛艺兵. 中国古代的寺庙钟、朝钟与钟楼钟 [J]. 中国音乐，1996（4）.

[19] 杨竣方. 清代刺绣"二仙拜寿"之四十五字款文解析 [J]. 文博之友，2020（2）.

[20] 袁珂. 山海经全译 [M]. 北京：北京联合出版公司，2016.

[21] 永涛. 死生共天：汉瓦当"无极"的人文精神 [J]. 汉字文化，2020（5）.

[22] 于志飞，王紫微. 麟角峥嵘数脊兽 [J]. 文史知识，2016（11）.

[23] 张洪安. 我国古代箭的发展演变 [J]. 搏击年·武术科学，2012（2）.

[24] 查明辉. 西汉五铢钱铸造量问题之考辩 [J]. 江西师范大学学报，2004（2）.

[25] 朱世学. 从虎钮錞于和铜鼓看西南民族地区青铜文化的交流 [J]. 长江师范学院学报，2016（3）.

[26] 朱世学. 对虎钮錞于若十问题的认识 [J]. 三峡大学学报（人文社会科学版），2010（1）.

[27] 郑同修. 汉晋鱼纹铜洗滕器说 [J]. 东南文化 [J]，1996（2）.

[28] 赵晓帆. 试论湘鄂川黔边界地区出土的虎钮錞于的族属问题 [J]. 贵州民族研究（季刊），1995，4（2）.

后记

唐崖土司城址是中国为数不多的入列《世界遗产名录》的遗址之一，是西南地区最典型、最宏大、保存最完整的土司城遗址，也是山地城市的佳作和典范，是多民族文化融合发展的结晶。《图说世遗唐崖》正是反映唐崖土司城址文化精髓的一部作品。

关于唐崖土司城的著作已经出版过几部，如《唐崖土司城址》《荆南雄镇——镜画唐崖土司城》等，这些作品或是介绍唐崖土司城址的基本情况，或是以画册的形式直观描绘唐崖土司城，而《图说世遗唐崖》则是依托于唐崖土司城址所建的咸丰县民族博物馆的历史陈列而编纂的一部著作。《图说世遗唐崖》分为上、下两个篇章，分别介绍了唐崖土司城的历史和文化遗存。上篇介绍唐崖土司城的基本情况，下篇讲述咸丰县民族博物馆陈列的文物。上篇为下篇提供背景资料和铺垫，下篇是本书的重点和特色所在。《图说世遗唐崖》的出版，将帮助人们进一步理解土司遗址作为世界文化遗产的独特的文化符号和精神意义。

在《图说世遗唐崖》的编纂过程中，湖北省社会科学院研究员张硕给予了帮助，在此表示感谢！本书收录了很多图片，这些图片大部分由唐崖土司城遗址管理处提供。其中部分图片可能无法标明拍摄者，部分内容可能无法找到第一作者，在此向这些图片和内容的版权所有者表达诚挚的谢意！由于客观原因，我们无法联系到相关版权所有者。如果能与我们取得联系，我们将在第一时间更正任何错误和疏漏，并支付一定的相关费用和报酬。